Мирзооқо Аскарии Монӣ

Ҳикояти ёри самарқандӣ

Mirza Agha Asgari (Mani)

The Tale of the Beloved Samarkandi

The Tale of the Beloved Samarkandi
Mirza Agha Asgari (Mani)
Preface: Noorali Noorzad and Umriddin Yusufov
Transcribed to Cyrillic by Umriddin Yusufov
Cover Image: Mahsa Rajaei
Published by:
    Sturnus Verlag
    PB 460625
    80914 Munich
    Germany
    www.sturnus-verlag.de
ISBN: 978-3-946451-04-4
© Sturnus Verlag. March 2016

Ҳикояти ёри самарқандӣ
Баргузидаи ашъори Мирзооқо Аскарии Монӣ
Муаллифи пешгуфтор: Нуралӣ Нурзод ва Умриддин Юсуфӣ
Баргардон ва вироиш: Умриддин Юсуфӣ
Ороиши ҷилд ва саҳфаорой: Маҳсо Риҷоӣ
Ношир: нашри Стурнус
    Олмон, Мюнхен 80914,
    сандуки пӯстӣ 460625
ISBN: 84 тоҷик 7- 4 M-23
ISBN Олмон: 978-3-946451-04-4
© Нашри Стурнус. Марти 2016
© Sturnus Verlag. March 2016

Мирзооқо Аскарии Монӣ

Ҳикояти ёри самарқандӣ

Баргардон ва вироиши Умриддин Юсуфӣ

www.sturnus-verlag.de
ИНТИШОРОТИ СТУРНУС
Sturnus Publications

Феҳрасти матолиб

ДУНЁЕ ДАР ФАРОСӮИ ВАТАНИ ВОЖАҲО 9
Рӯзномаи об 30
Ва сад то агари дигар 32
Бепарда 35
Бозгашти себи Нютон ва Тоҳираи қурратулъайн 37
Болҳои баланди Одаропоно 42
Чоқу 43
Шамшерҳо 44
Хаёл 45
Кӯрии чинӣ 46
Ҳақиқат 49
Ишқ 50
Себ 51
Боварҳо 52
Анорҳо 53
Умр 54
Камбуд 55
Ватани ман 56
Чака ва санг 57
Гӯсфандон 58
Зери болаи хуршед 59
Истгоҳи пирӣ 60
Паранда дар мушт 61
Як қора, як шеър 62
Лои ангуштони баҳор 63
Нони гарми лабҳоят 64
Саворони гумшуда 65
Зистан дар ту 66
Ҷустуҷӯгарон 67
Рӯбарӯи хаёл 68

Дастҳои пешини ман	69
Ду бушқоби фалсафа	70
Зеботарин паёмбар	71
Сурудҳои барбодрафта	73
Дигарпазирӣ	75
Гандумзор	77
Лояҳое аз хун	78
Нобаҳангомон	79
Қоиқи мағруқ	80
Сафар	82
Режаи сарболой	84
Гоҳе	87
Ал-Охира, халоу-д-дунё!	88
Дар тобиши танонагӣ	92
Канори рӯд	94
Маҳбуби ман	96
Зумбо	98
Кӯсамоҳии рахшон	99
Як пар	100
Лимӯе дар миёни алафҳо	102
Қайчӣ	103
Донаҳои борон дар даҳон	104
Ду сӯи ҳастӣ	106
Порае аз поиз	108
Дуздони тӯфон!	109
Меодгоҳ	111
Дергоҳест	113
Майхорагӣ	115
Дар канораи Ройн	119
Донаи гандум	121
Чун таъми қаҳва	122
Хоксупорӣ	123
Поизӣ	125
Субҳонаи дунафарӣ	127
Вожа	130
Комгирӣ дар шаби тобистон	131
Дар Ховари Миёна	133
Ситора дар шин	134

Бар соҳили Бундой	135
Ҳақиқати ишқ	137
Даҳони поизӣ	139
То бо шумо сухан гӯям	141
Ҳикояти ёри самарқандӣ ва панҷ гули суратӣ	143
Мусоҳиба	145
Ҷаҳон ҷилвагоҳи ту	147
Ин қол аз мақоли шумо низ бигзарад!	149
Рӯъёро дунё бинӣ!	153
Басо ҳаст	155
Агар иҷоза бифармоед!	157
Дар бораи Мирзооқо Аскарии Монӣ	161
Ба қалами Монӣ мунташир шудааст:	162

ДУНЁЕ ДАР ФАРОСӮИ ВАТАНИ ВОЖАҲО

Шояд милюнҳо сол аст, ки дар тафаккури инсоният тафсири отифаҳое равонӣ, ки яке аз муҳимтарину умдатарини шакли онҳо ҳамин шеър аст, зиндагӣ мекунад ва ба қавли Абулмаъонӣ дар таҷассумгоҳи «як ҳақиқати тобон дар ҳазор оина». Чун аслу бунмояи шеърро вожа ҳастӣ бахшидааст, ҳамоно ба унвони абзори ҳақиқии шеър вақте инсоният такаллумро омӯхт, ба гумони ғолиб нахустсухани ӯ ё аввалин вожаи ба лаб оварддааш шеъри нахустин буд, чун низоми сухан гуфтан, ҳарф задан ё паём овардан аз ҳамон вожаи оғозин ибдоъ шуд. Ба гунае дигар, агар ба суроғи тафсири нахуствожаи паймғомовари Одам ба ҷаҳон биравем, боз ҳам ҳамоно нуктаи пайванд ба маърифати инсон сӯи андешагоҳи мо мерасад, ки ҳамеша аз ибтидо инсон нахуст дар пиндор ё ангораҳои хеш ашёро тасаввур намудаву баъдан онро дар каломаш сурат бастааст ва ё агар номе надошта, бар пояи маърифати хеш унвон гузошта бар он. Пас, дуруст аст, ки шеър маҳсули ирфони инсон дар шуур ва тарсими он дар оинаи анвоъи мухталифи фурмҳои он тавассути вожагон аст. Ба таъбири донишманд ва мунтақиди назарияпардози эронӣ Исмоили Нуриаъло, ки бар пояи таҳлили афкори мутафаккирони қадим ва муосир ба ин натиҷа расидааст, «шеър гузоришгари вазъиятҳои отифии худи шоир аст, яъне гузорише аз ваъиятҳои аклонӣ ва ҳиссӣ, ки сохтаи тафаккури мустадил ва мантиқӣ ҳастанд, мебошад». (Теории шеър. 166, Ландан, Интишороти Ғизол, 1382). Шамси Лангрудӣ низ дар мусоҳибае аз худ ҳамин матлаби шинохти шеърро бо гунае дигар чунин тафсир намуда: баситтарин шакли таҷаллии хаёл дар вожа шеър аст (Фунуни шоирӣ аз нигоҳи Шамси Лангрудӣ).

Агар ҳамин назарияро бипазирем, ки шеър аз эҳсос ва маърифати аклонии инсон гузорише барои ҷомеа медиҳад ва маҳсули шинохти шахси шоирро аз ҳар чӣ дар кануру акнофи ӯст ё ҳосилаи отифаҳои варо ба гунае гузориши муҷассам дар тафаккураш манзур мекунад, боз ҳам ҳамин андеша, ки нахустин вожаи ба забон овардани Одам худ бешак шеър буда, ба суроғи мо мерасад. Яъне бар пояи ривоёт чун Абулбашар барои шукронаи ҳузур ба ҳастӣ ҳамди Худовандро ба ҷо оварда, таркиби «Ситоиш мар Худой»-ро зикр намуд, ин вожаи муътабар худ шеъри аввалин буда. Вагар не Нақибхон Туғрали Ахрорӣ, шоири тоҷики поёни асри қарни нуздаҳи милодӣ, мақсуд аз шеър ҳамин ҳамди Худованд буданро ҳаргиз таъкид накарда будӣ:

**Ҳамди Худованд ба ҷой оваранд,
Мақсуд аз шоирӣ ин муддаост.**

Чун баробари ҳузури инсон ба қаламрави ҳастӣ шинохти олам ӯро ҳамроҳ буда, балки асли сафари одамӣ аз мароваро ба таъбири орифон ба ин «нобаҷо» ҳамин маърифат буда, ки дар ҳадисе бо ваҷҳи равшан тарсим касб карда: «Ман ганҷе будам пинҳон, хостам шинохта шавам, биофаридам офаридагонро то шинохта шавам». Ин маърифат аз муҳимтарин аркони шеър маҳсуб шуда, ки ба аносире дигар чун хаёлу тафаккуру бадеъ пайванд гирифта. Агар маърифат ончӣ дар воқеияти ҳастӣ бударо ба тафаккур кашонидааст, тахайюл бар он нобудаҳоеро афзуда ё он чӣ худи инсон пиндошта, ки шояд иттифоқ биуфтанд. Ин ҳолат дар вуҷуди тамомии одамон буруз мекунад, аммо шоирону достоннависон танҳо муваффақ шудаанд, ки ин пиндорҳои фаровоқеӣ ва хаёлоти рангинро дар оиназори вожагон таҷаллӣ бибахшанд, то отифаи шеър шакл бигирад. Ҳамин маънӣ дар шеъри «Вожа»-и Монӣ ба таври барҷаста тасвир шудааст:

Дар оғоз калима буд,
Он гоҳ ҷумла шуд,
Сипас шеъре баланд,
Ва дар поён
           ҳастӣ.
Дар оғоз Худо буд,
Онгоҳ шеъре баланд шуд,
Сипас ҷумла
Ва дар поён як вожа.

Ин вожа
Дар худнависӣ пинҳон аст,
Ки касе бо он наменависад.

Ва ҳамин гуна чун вожагон бар пояи маърифати инсон афзуданд, қаволиб ва бо мурури фосилаву фурсатҳои тӯлонӣ, солҳову садаҳо суннатҳо дар доираи сухан ҳам шакл гирифтанд, то маҷмӯан бо шеваҳое ин гузоришоти ҳиссиро дар фурме муайян барои мо арза доранд ва равишҳои дигаргунаеро ба гунае ҷадид нишон диҳанд. Тӯли бештар аз ҳазорон сол ин суннатҳои адабӣ дар қаламрави тамаддуни мардумони форсизабон порбарҷо ва қудратманд будаанд, пеш аз ҳама бо хотири он ки истеҳком ва бунмояҳое қавӣ дошта, ба қавли маъруф «нахустхишташон мустаҳкам ва дурусту рост гузошта шуда буда». Вале ин ки ҳамеша мавзӯи навгароӣ ё тачаддуд дар қаламрави шеъри порсӣ дар қарне ё бештар аз он чӣ дар каломи худи шуаро ва чӣ дар дидгоҳҳои мутафаккирони аҳли балоғат ва фунуни адабӣ садо дода, боз ҳам муртабит ба ҳосилаҳои ҳамин тафаккур ва маърифати инсон ё ҷадидтарин гузоришҳои ақлониву отифии ӯ аз зуҳури падидаҳои тозаи иҷтимоиву сиёсӣ, фарҳанги маърифатӣ ва монанди ин будааст. Устод Қайсари Аминпур ин баҳсро аз зовияи ҷойгоҳи сурат ва маънӣ баррасӣ намуда, бо такя бар ҳамин авомили зуҳури андешаи тачаддуд ё навгароӣ бар ин натиҷаи мантиқӣ расида, ки «албатта, дар маҷмӯъ навоварӣ дар шеъри суннатӣ ғолибан аз тариқи гузиниши мавзӯи тоза ва аз миёни мавзӯоти мутанаввеъ, пардохтан ба мазомини тоза ва густариши дар ҳавзаи маъонӣ ва сувари хаёл сурат гирифт ва шаклҳо суботи бештаре доштанд. Шояд ҳамин танаввӯъ ва густариши мавзӯот ва мазомин ниёз ба навоварии шоирон ва мухотабонро то ҳудуде ирзо мекард ва камтар гирди навовариҳои дигаре мегаштанд:

Мунсифон устод донандам, ки аз маъниву лафз,
Шеваи тоза на расми бостон овардаам.

(Хоқонӣ,168)

Ин донишвари маъруфи эронӣ, албатта ин навгароиҳоро нисбӣ мешуморад, чун бештар дар маҳдудаҳои шакл ва мӯҳтаво то замони зуҳури сабки ҳиндӣ, хоса мактаби бедилӣ мураввач будаанд ва мо дар аксар сурудаҳои шоирони қуруни мухталиф дучори таркиботе чун «мазмунҳои бикр», «мазомини пок», «маънии тоза», «тарзи тоза», «маънии баланд» ва амсоли ин мегардем. Ва аммо баробар ба зуҳури маъниҳои тоза «тарзи тоза» ҳам роиҷ шуда, ки бештари он дар каломи суханварони сабки ҳиндӣ нуфуз касб карда ва ин тарз, пеш аз ҳама ба тафаккур ва биниши дигаргунаву навъе тоза дар маърифати шеър ва ашёст, ки ба унвони падидаи навгароӣ муаррифӣ шудааст. Барои шарҳи ин матлаб ҳам метавон ҳазорон мисолеро рӯи саҳифаҳо гузошт, ки ҳатто шеваи нахустини баёни он дар каломи устод Рӯдакӣ ҷой гирифта ва баъдан бо тағйири биниш ва дидгоҳи аҳли қалам дар дарозои ҳазор соли адабиёти форсӣ бар он тозагиҳое аз ин роҳ афзудаанд. Агарчӣ устоди шоирон моро бо шеваи хоси сабки хуросонӣ, бо саҳли мумтанеъ ба қаноат варзидан даъват мекунад ва мефармояд:

Бо дода қаноат куну бо дод бизӣ,
Дар банди такаллуф машав, озод бизӣ.

Бо нигариши дигар ва биниши хоса Абулмаъонӣ Бедил боз ҳам ба суроғи маънии қаноатварзӣ меравад ва аз ҷойгоҳе сухан ба забон меоварад, ки дар кунҷи қаноат нишаставу ҳамон андарзи устод шоиронро таҳаққуқ бахшидааст:

Дунё агар диҳанд наҳезам зи ҷои хеш,
Ман бастаам ҳинои қаноат ба пои хеш.

Ин ки Абулмаъонӣ «ба пои худ ҳинои қаноат мебандад» баёни тозаест, ки аз равзанаи нигоҳи маънишикори ӯ бо тарзе нав наҷво додааст, то гӯяндаи онро ҳамчун шоири мубтакир ва тозаназар муаррифӣ намояд. Ба таъбири дигар, ин ҳамон гузориши отифии матлаби устод Рӯдакист, ки дар оинаи тафаккури Булмаъонӣ ба навъе дигар ва дидгоҳе тозатар ҷилва рехтааст.

Бо ин ҳама иқдом дар навҷӯӣ рӯҳи оштинопазири шуарои бузурги гузаштаи мо ҳаргиз бо қаволиб ва маҳдудаҳои фаровони мавҷуд дар шеъри суннатӣ натавонистаанд, созиш бикунад ва ҳамин талошу такопӯ дар роҳи шикастанҳо буда, ки гоҳе ғайрихтиёр Мавлоно аз худ ин садоро бурунсӯ ҷаҳидааст:

**Растам аз ин байту ғазал, эй шаҳи Султони азал,
Муфтаилун муфтаилун муфтаилун кушт маро.**

Ва шояд суроғи баҳри комил ва таҷриба бар баҳрҳои камозмудаи шеъри порсӣ рафтани Бедил низ сарчашма дар ҳамин андешаи Мавлоно дорад, ки муфассири ин дидгоҳи назарии бурунноянда аз ин иқдомот аст: шояд қавобили шеъри суннатӣ созгор ба таҷассуми комили маънихои шоирона нест ва ҳамин амр боис омада, ки гоҳе бидуни ихтиёр Мавлоно тарҳи қофияву радифро шикаставу суроғи андеша рафтааст. Он ҷо ки Тақии Пурномдориён Мавлоноро аз шуарои сохторшикан унвон мекунад, боз ҳам пайванд ба ҳамин тафаккури вай ба шеъру шоирӣ ва асолати он дорад. Худи Мавлоно ҳам ин дидгоҳҳои назарии имрӯзиёнро дар каломаш бо зеботарин ваҷҳ тафсир намуда:

**Қофияву мағлатаро гӯ ҳама селоб бибар,
Пӯст бувад, пӯст бувад, дархури мағзи шуаро.**

Ва аз ҳамин назарияи шикастани қолабҳои маъмулӣ бори дигар нуктаи муҳим дар шинохти асолати шеър арзи ҳастӣ мекунад, ки ҳамеша маънӣ ва маънигароӣ нахустин буда ва баъдан он ба сурат ё шакле муайян даромадааст. Ҳатто бо вуҷуди нуфузи суннат ва қаволиб бузургони ниёи мо дар улуми назарии адабӣ муқаддам будани маъниро талаққӣ кардаанд. Он ҷо ки Шамс Қайси Розӣ мефармояд: «Шоир бояд нахуст насри он (мавзӯи он)-ро пеши хотир орад ва маънии онро дар саҳифаи дил нигорад ва алфозе лоиқи он маъонӣ тартиб диҳад ва мувофиқи он шеър ихтиёр кунад».

Муқаддам будани маънӣ бар сурат шояд аз нахустин авомиле буда, ки ҳамеша ҳисси шикастани сохтор ва қолабро дар вуҷуди шоирон нуфуз бахшида ва ин андеша пайваста дар суроғи эшон ва суханварон дар сайди ин нуктаи назар будаанд, то замоне, ки дар оғози қарни бистум дар қаламрави шеъри муосири Эрон Нимо Юшич бори нахуст ба ин ибтикор даст зада, ба истилоҳ шеъри нимоӣ ё арӯзи озодро бунёд ниходааст. Аммо баҳси зуҳури шеъри нав дар қаламрави адабиёти навини Тоҷикистон дигаргуна аст ва аҳли таҳқиқ ба сурудаи устод Садриддин Айнӣ маъруф бо номи «Марши ҳуррият» ҳамчун намунаи аввалини шеъри нав таъкид меварзад. Фаротар аз ин, дар тазкираи равшанфикр ва маорифпарвари маъруфи қарни нуздаҳи тоҷик Шарифҷон Махдум Садри Зиё «Тазкору-л-ашъор» дар чанд маворид рафтани ишорат ба истилоҳи шеъри нав баёнгари он аст, ки нахустин падидаҳои шеъри нави тоҷикро метавон дар намунаҳои суханварони марифпарвар боз ҷӯӣ кард, ки ин мавзӯи баҳси ҷудогонаест. Баъдан ҳам бо пирӯзии нуфузи афкори маорифпарварии русӣ дар Осиёи Марказӣ таъсири шеъри русӣ низ мустасно намонд ва бештари шуарои аҳди аввали адабиёти даврони Шӯравии тоҷик қаволиберо аз сурудаҳои шоирони рус, мисли Маяковский ба орият гирифтанд, ки намунаҳоеро дар ашъори Пайрав Сулаймонӣ ва ҳатто Абулқосим Лоҳутӣ дар ихтиёр дорем. Тазаккури ин нукта, пеш аз ҳама он матлабро барои мо рӯшан мекунад, ки дар қолибҳои шеъри нави ин давраи тоҷик, то ин замон мо ба аносири шеъри ба истилоҳ модерн ё сапед дучор меоем, ки ҳамон шохисаҳои пурвусъати он дар шеъри муосири форсиро дар худ то ҷое таҷассум намудаанд.

Дар марҳилаи нав таҳаввулоти адабӣ, ки ба истилоҳ адабиёти даврони истиқлоли миллии тоҷик унвон гирифтааст, албатта то андозае таъсири шеъри нав аз тариқи шеъри муосири Эрон дар Тоҷикистон авлавияти бештар касб намуд. Бештар аз ҳама мутолеаи ашъори

Фурӯғ, Нодири Нодирпур, Аҳмади Шомлу, Маҳдии Ахавони Солис, Сухроби Сипеҳрӣ, Қайсари Аминпур ва дигарон барои шаклгирии шеъри нав дар қаламрави адабиёти муосири тоҷик нақши муассире тавонист бигзорад. Вале бо ин ҳама дар кӯтоҳтарин фурсат шоирони навгаро ва сапедсароии тоҷик тавфиқ ёфтанд, ки намои тозае аз шеъри нави тоҷикро бо инсиҷоми рӯҳияи тоҷикона дар он ба вуҷуд оваранд. Ҳарчанд Алиризо Қазва дар пешгуфтори худ ба китоби устоди шеъри нави тоҷик Доро Наҷот эътиқод дорад, ки ин шоири номвари тоҷик рӯҳи шеъри Сухробро дар қаламрави шеъри тоҷик интишор медиҳад, аммо тааммул дар сурудаҳои Доро Наҷот ҳар нафар хонандаро бар ин ақида мерасонад, ки ин ин суханвари тозапаём аз бунёдгузорони намои ҳақиқии шеъри нави тоҷик бо рӯҳияе тоҷикон аст. Баҳси муфассали ин мавзӯъ дар пажӯҳише бо номи «Зеҳният ва зиндагии тоҷикона дар шеър» дар китоби «Меъроҷе то хуршедии висол» рафтааст.

Раванди нашри намунаҳои шеъри муосири Эрон дар кишвари мо ва ашъори шоирони тоҷик дар Эрон, ки имрӯз ба як тамоюли муфид бадал ёфтааст, барои тақвияти пайвандҳо ва таъсиру таассури суханварон ҷиҳати такмилаи куллии шеъри нав дар адабиёти муосири форсизабонон нақши муассир мегузорад. Ба таъбири дигар, нашри маҷмӯаҳое аз суханварони навгароии Эрон дар Тоҷикистон ҳам барои ошноӣ ба вазъи кунунии шеъри муосири ҳамзабонон ва ҳам шинохти майлонҳои ҷадиди шеър самараҳоеро бо худ ҳамроҳ дорад. Аз ин рӯ, муаррифии яке аз чеҳраҳои шеъри нави Эрон Мирзооқо Аскарии Монӣ дар шумори ҳамин иқдомот қарор мегирад, ки дар қаламрави шеъри имрӯз дар шумори тозаназарону навгароёни сапедсаро қарор дорад. Вуруд бар ҷаҳони маънавии сурудаҳои ин суханвар ин андешаро бештару пештар тақвият мебахшад, ӯ ба унвони меросбарони аҳли сухан дидгоҳҳои классикиро дар дунёи андешаву тахайюлоташ бо тозагиҳо оштӣ додаву ҳосили маърифати хаёлангезашро муҷассам гардонидааст. Бо он ки дар сурудаҳои Монӣ қаволибе мухталиф аз шеъри сапед мунтахаб шудаанд ва гоҳе бар тафсири биниши фалсафиву ирфонӣ ва иҷтимоии хеш вай тафсилотеро ҳамроҳ мекунанду шеъраш то мақоми манзума ё шеъри сапеди бузург мерасад, вале бештар фурми шеърпораҳои кӯтоҳро бармегузинад, ки дар онҳо бофту пайванди сухан мустаҳкам ва қудратманд ҷилва мекунад. Ҳарчанд дар назар гӯиё мафоҳим ва матолибе саҳлу сода мерасад, аммо жарфои каломаш тафаккури амиқ ва бинише бо тааммулро иқтизо дорад. Он ҷо ки мегӯяд:

Шамшери забон,
Рӯҳи дигаронро, ки медарад,
Дастони абадият низ,
Аз дармон тиҳӣ мемонанд.

Ин маъниро шояд шурӯъ аз Фирдавсӣ то имрӯз бо ҳазорон ранг таҷассум додаанд. Ҳамоно, ки ин ҳакими фарзона фармуда:

Сухан бифканад минбару дорро,
Зи сӯрох берун барад морро.

Ё нафаре дигар аз шуаро фармуда:

Сухан гоҳе газад монанди ору,
Сухан гоҳе гирад ҳам ҷои дору.

Ин андешаи Монӣ, ки шамшери забон вақте ки рӯҳи дигаронро медарад, яъне осоре аз таъсири сухани номатлуб нафароне дилшикаста мегардонаду бар эшон осеби рӯҳӣ мерасонад, ҳатто дастони абадият ҳам бедармон хоҳад буд. Шояд қаробате миёни ин фармудаи Монӣ ва пешиниён мавҷуд аст, аммо ӯ фаротар мерасад ва бар дарки ин матлаб ва дар як банди мухтасар фалсафаи сухан ва мавридшиносӣ дар баёни онро тафсир мекунад. Ба гунае дигар, ин сурудаи Монӣ низ ҳамон байтест, ки дар қолиби шеъри нав ҷой гирифтаву таҷдид касб намудааст. Албатта, ки ин таҷаддуд ҳам дар қолиб аст ва ҳам шеваи баён ва тафаккуру шинохт.

Фарохнои имконоти шеъри сапед бо озодиву инбисоти хеш барои шарҳу тафсири олами рӯъё ва ҳосилаҳои маърифати шоир заминасоз мекунад. Монӣ аз ин басити мувофиқи ҳолаш ба гунае шоирона ба кор мегирад ва ҳамоно ба шарҳу тавзеҳи авотифи равонӣ ва аносири аслии шеър мепардозад. Хулосаи яке аз сурудаҳои вай, ки маҳсули биниши хос ва дарки амиқи яке аз ин аносири муҳими шеър – хаёл аст, ба гунае сурат баста, ки ӯ хаёлро сояи воқеият медонад:

> Хаёл
> Ҳар гоҳ нестӣ,
> Рӯъятро дар оғӯш мефишурам,
> Бозу, ки мегушоям.
> Фурӯ мелағзӣ!
> Хаёл, сояи воқеият аст!

Ин ҷо Монӣ воқеан аз имконоти тасвирофаринӣ, таркибсозиҳо, ки ҳамагӣ рукнҳои муҳимми ҳама анвоъи шеъранд, муфид истифода мекунад. Ӯ дар набудани азизтарини худ, оне, ки камоли садоқатро дар ҳузур ва муҳаббати вай таҷриба кардааст, рӯъятро ба оғӯш мефишорад. Дар оғӯш фишурдани рӯъё баробари таркибе шоирона будан, навъе ҳисомезиро дар худ инсиҷом мебахшад. Ҷолиб аст, ки агар Симин хаёлро дар оғӯш мегирад, Монӣ фаротар аз вай онро дар оғӯш мефишорад, ки ин нигоҳ ва шинохти тозаи худи шоир аст. Дар идомаи сухан ҳам назокати каломаш муҷаллост. Ин ҷо як ҳаракати амали кӯтоҳ навъе ба шеър сужае ато намуда ва баъдан шоири хаёли маъшукро дар оғӯш фишурда, бозу мекушояд, ки ҳам маъшук ва ҳам хаёли вай фурӯ мелағзад. Ҳамин фосилаи кӯтоҳи ба ёди маъшук будан аст, ки ӯро ба шинохти як мафҳуми отифӣ, яъне хаёл мерасонад, то натиҷа бигирад, ки хаёл сояи воқеият аст, чун дар сояи воқеият ҳам нукоте аз худи он мавҷуд мебошад. Ҳарчанд худи маъшукро дар ихтиёр надорад, аммо пайванди хаёлии ӯ иртиботе равониро дар вуҷуди гӯянда ҳосил мекунад, ки онҳо ҳамагӣ ҳамон «баситтарин навъи таҷаллии хаёл дар вожа», яъне шеър мешаванд.

Мусаллам аст, ки дар нақду сухансанҷии шеъри муосир баробари зуҳури шаклу навъҳои мухталиф аз шеъри нав истилоҳи шеъри шомлуй низ роиҷ гардид, чун ҳузури Аҳмади Шомлу дар қаламрави шеъри имрӯз гардишҳоеро дар дидгоҳу андеша ва хоса такмилаи шаклҳои мухталифи он ба миён овард ва минбаъд шоирони фаровоне аз ин равиш истиқбол намуданд. Чӣ дар Эрон ва чӣ дар Тоҷикистон ин шева ба истилоҳ ҷойгоҳи худро пайдо кард ва бидуни тардид Монӣ аз нафаронест, ки чароғи роҳи шеъри шомлуиро ҳамеша рӯшан медорад ва дар ин ҷода муваффақона қадам мегузорад. Чун дидгоҳ ва назари хешро ба воқеият, ҳастӣ ва маърифати ҷаҳони омадшуд дорад, аз ҳар вожаву мафҳум, аносири воқеият, лаҳазоти умр бардоштҳои хосаи худро ба хонандааш манзур мекунад. Аз ҷумла, ӯ сапададамро чун гиреҳгоҳи шаб мебинад ва ғурубро низ ҳамингуна тасаввур менамояд. Зери мафҳуми шакл дар тасаввури вай гиреҳгоҳи нестӣ ҷилва мекунад ва ишқро ниҳояти нестӣ бо ҷовидонагии ҳастӣ мешиносад:

> **Сапедадам, гиреҳгоҳи шаб аст бо рӯз,**
> **Ғуруб низ.**
> **Шакл, гиреҳгоҳи ҳастист бо нестӣ**
> **Бе шакл низ.**
> **Ишқ, гиреҳгоҳи ниҳояти нестист**
> **Бо ҷовидонагии ҳастӣ.**

Вақте таҷассуми ин дидгоҳи Мониро дар оинаи каломи вай ба мушоҳида мегирем, ҳамоно мо ба ёди ин байти Мавлоно меуфтем, ки фармуда:

> **Пас чӣ бошад ишқ? Дарёи адам,**
> **Даршикаста ақлро он ҷо қадам.**

Монӣ муриди мактаби андешаи ниёгони худ, хоса Мавлоност, ки дидгоҳҳои фалсафии қадимро ба сурати ҷадид даровардааст, то аз худии худ дар қаламрави шеър паём расонад. Ҷолиб он аст, ки сурати баёни тафсирии мафоҳим низ дар таҷассумкадаи шеъри Монӣ тарзи ифодаи Мавлоноро ба сурати нав ба ҷилва меоварад, яъне Монӣ дар шеъраш аз сапедадам, шакл, ишқ тафсире бо дидгоҳи худ мекунад, он сон, ки Мавлоно ишқро ҳамонгуна маънигузорӣ намуда, бо нигоҳе фалсафӣ. Бо ин ҳама шабоҳатҳои маъной ва шевагузинӣ Монӣ равиши худро дар навбати аввал дар оинаи шеъри нав ва баъдан ифодае дигаргуна инсиҷом мебахшад, ки ин амр ба ибтикорот ва тозаназарии вай дар шеъри нав таъкид меварзад.

Бофти фалсафӣ, нигариши амиқ бо диди хосаи худ дар ашъори Монӣ нуфуз касб намуда, ҳатто ба яке аз вижагиҳои махсуси ҳунарии вай бадал шудаанд. Масал задан ба сурати нав, ки дар гузашта чун тамсил маъруф буда, ин ҷанбаҳои шеъри ӯро боз ҳам тақвият бахшида. Дар шеъри «Боварҳо» ин дидгоҳ дар шинохтангоҳи шоир равише махсус касб намудааст. Он ҷо ки ӯ ҳастии дарёро аслу моҳияти будани киштӣ мешуморад ва баробари ин поёни кори киштиҳо ҳам андаруни дарё қарор мегирад. Ин масали вуҷуди ба ҳам пайванди муҳкам доштаи киштӣ ва дарёро шоир барои бозтоб бахшидани андешаи бидуни бовар маънӣ надоштани зиндагии инсон ба кор мегирад.

Боварҳо
Бе дарё киштӣ бемаъност.
Поёни киштиҳо, аммо дар дарёст!
Бидуни бовар, инсон, бемаъност
Поёни одамӣ, аммо
Дар бастмони боварҳост!

Дар ҷавҳари воҳиди андешаи шоир, ки дар ин шеър муҷассам аст, нуктаи аслӣ таъкиди ҳамин матлаб мебошад, ки инсон бидуни бовар наметавонад ҳастии худро таъмин кунад ва нобуди бовар метавонад ба нобуди худи инсон бирасонад. Барои истинботи ин назари хеш шоир ба вуҷуди киштиву дарё масал мезанад, яъне агар дарё набудӣ, маъние дар сохтмони киштӣ низ ҷой надоштӣ.

Фалсафаи шинохти аслу бунмояи шеър низ дар сурудаҳои Монӣ ҷойгоҳе хоса дорад. Ҳарчанд чунонки гуфта омад, дар тафсири шеър андешаҳои фаровоне аз оғоз то кунун чӣ дар қаламрави сухан ва чӣ дар ашъори шоирон ба унвони назари инфиродӣ ҷой дорад, аммо ҳамоно Монӣ ҳам нигоҳе махсуси худро бо нигарише хоса арза медорад. Ӯ шеърро ба ҳадде дӯст медораду ба он ишқ меварзад, ки онро «Ватани худ» унвон намуда, калимотеро дар он мезияд ва нафас мекашад ва худро дар он гунҷоиш медиҳад бо ҳама ҳиссу отифаву тафаккур. Шоир бар он меандешад, ки меҳани ман дар чакрае борон, порае аз хок, ё хобҳои кабуди модарам, гузарномаи ҳарҷоиям ва амсоли ин нест, балки дар калимоти монанд, он калимоте, ки дар худ таҷаллии хаёл ва маърифати шоирро бо ҳама шаҳомат ва густардагӣ гунҷоиш додаанд:

> **На дар чакае борон,**
> **На дар порае аз хок аст Ватанам,**
> **На дар хобҳои кабуди модарам**
> **На дар гузарномаи ҳарҷоиям**
> **На дар ҷомаҳои фарсоянда,**
> **На ҳатто дар танам**
> **На дар ҳубоби торики танҳоиям**
> **На дар табори меҳолудам**
> **На ҳатто дар даҳон ё оғӯши занам**
> **Меҳани ман, калимоти монанд,**
> **Ки ҳамчун пираҳане нарм,**
> **Ҷаҳонро дар худ мепӯшонанд!**

Шеър ё вожагоне, ки шеърро ҳастӣ бахшидаанд, дар оинаи пиндори шоир, бешакк баробари ватани аслии ӯ будан ҳамчун пироҳани нарм ҷаҳонеро дар худ мепӯшонанд, яъне пушти ин чанд калимоти ба зоҳир парешону ҳатто кӯтоҳ ҷаҳоне нуҳуфта, ки аз тафаккур, андеша, шинохт ва маърифати шоир ҳосил шудааст, ҷаҳоне, ки дар ин ҷаҳони воқеӣ нагунҷидааст ва шояд натавонад бигунҷидан.

Монӣ дар тасвирсозӣ ҳама нигоҳе тозаву муосирро соҳиб аст. Бо он тасаллуте, ки ба забонҳои мухталифи ҷаҳонӣ дорад, аз вожагони онҳо ба унвони абзорҳои тасвирсоз шоиронаву ҳунарварона ба кор мегирад. Масалан, дар шеъри «Сафар» вожаи шинелро, ки аслан русӣ аст ва ба маънии қабои кушодаи беостин, ки аз рӯи либосҳои дигар бипӯшанд, ба кор рафта, барои сохтмони тасвири зебой ба сурати «уфтодани шинели нигоҳ аз пайкарам» истифода намудааст, ки хеле ҷаззоб ва шоирона ба назар мерасад:

Сафар
Рӯзе, ки шинели нигоҳи шумо,
Аз пайкарам бияфтад.
Ва рӯшаной аз шонаҳои ман биравад
Ва осмон аз рӯи ман бархезад,
Хоҳед дид:
Чизе аз сояҳое, ки бар ҷой мениҳам нахоҳад монд.

Афтодани шинели нигоҳ тафсири ҳамон таъбири маъруфи нигоҳ бар кардан, дидагонро ба сӯи дигар мувоҷеҳ сохтан аст, ки Монӣ ба хотири иҷтиноб аз такрор даст ба халлоқияти як таркиби тоза дар оинаи тасвир задааст. Ин ҷо чанд таркиби дигари шоирона ҳамчун маҳсули тафаккури суханвар ба ҷилва омадаанд, ки дар сурати «рӯшаной аз рӯи шонаҳои ман биравад», «осмон аз рӯи ман бархезад» таҷассум ёфта, як навъ тозагии шеваи кори суханварро дар тасвирсозӣ бозтоб бахшидаанд. Хулосаи каломи шоир ҳам навъе тафаккури фалсафии ӯро муҷассам мекунад, ки агар таваҷҷӯҳи шумо аз ман бираҳад ва нигоҳи илтифот аз сӯям канда шавад, маро торикие фаро хоҳад гирифт. Яъне, ин шеър тафсири як холати воқеии зиндагонист, ки инсон бидуни илтифот ва меҳру муҳаббати атрофиён, хоса ононе, ки бар эшон унсу муваддат дорад, зиста наметавонад ва офтобу осмони зиндагонии инсон ҳамин рӯшании ихлосу иродати дӯстон бошад. Вагарна ба таъбири Монӣ «Чизе аз сояҳое, ки бар ҷой мениҳам, нахоҳад монд».

Дар корбурди саноеи бадей низ Монӣ равише тозаро аз сар мегирад ва ҳамин ҷаззобияти кори вай навъе оҳангин кардани шеъри сапедро таъмин намуда, ба он гӯё мавзунияти дарунӣ ато мекунад. Вақте ӯ дар ҳар сатре аз ин шеър сифоти маҳбубаи худро бармешуморад ва навъе сифатчиниро дар шакли нав дар ҳар мисраъ, на дар канори ҳамдигар ба кор мегирад, эҷоди қофияи дарунии вожагони сифатшуда оҳанг ва мавзунияти каломашро таҳким бахшидаанд. Инҳо ҳамон вожагонеанд, ки дар сурати «тобонтар», рӯшантар», «донотар», гиротар», нармтар» ҷой гирифта, гӯё дар ибтидои мисраъҳо қофия шудаву дар сохтмони шеър низ навъе шаҳомат ҳосил кардаанд.

Тобонтар аз лимӯи дар миёни алафҳо,
Рӯшантар аз себе ғалтон бар об,
Донотар аз парандаи хуфта бар тухмҳояш,
Гиротар аз оҳанге дар соқаҳои биринҷ,
Нармтар аз хаёле дар бистар аст,
Он ки дӯсташ медорам.

Фалсафаи шеъри Монӣ омезае аз фалсафаи Шарқ ва Ғарб аст, ки дар ниҳоят аз ҷониби шоир ҳамчун рассоме моҳир бо мӯқалами сухан дар тарҳи як тасвири зинда наққошӣ мешавад. Ин бешакк, аз ҳунари шоирӣ ва маҳорати суханварии ӯ гувоҳӣ медиҳад. Яъне, шеъри шоирро вақте мутолеа мекунӣ, метавонӣ онро рӯи коғази сапед ба мисли як акс тасвир намой. Чунончи ин гуна тасвири ҳунармандона, ки шеъри асил ном гирифтааст, дар шеъри «Себ» ба мушоҳида мерасад. Ба вижа таркибсозиҳои шоирона ба шеъри ӯ шукӯҳу ҷалоли хоса мебахшад.

Аз Каҳкашони дарахт,
Себе чидам,
Аз дарахти Каҳкашон,
Заминро.
Кафи дастонам

Саршори бӯи себ!

Ҷилваҳои ҳунари шоирӣ дар аксари ашъори шоир ба мушоҳида мерасанд. Монӣ воқеан шоири мониқалам буда, дар наққошии шеър дасти тавоно дорад ва шеъри худро «дар рӯ ба рӯи хаёл» ба масобаи тоблуе нигорхона месозад ва бофти суханаш тандисҳои Суҳроби Сипеҳриро ба ёд меоваранд. Ӯ шоири мусаввирест, ки рӯбарӯяш хаёл дар чархи бофандагияш шеър мебофад ва ҳамзамон дар нигорхонаи коргоҳи эҷодии худ дар тоблуи сафеде наққошӣ мекунад. Хаёли шоир рӯи сандалӣ нишаста, бо ӯ суҳбат мекунад ва зеҳни шоирро таҳрик медиҳад, ки мухотаби худро шукуҳманд биофарад:

Бар сандалии холии рӯбарӯяш
Нишаста манам.
Бар сандалии холии рӯбарӯям
Ӯ.

Рӯбарӯяш хаёл шеър мехонад,
Рӯбарӯям хаёл наққошӣ мешавад.

Рӯзе рӯзгоре,
Бар сандалии рӯбарӯяш,
Шоире нишаста буд
Бар сандалии рӯбарӯям
Тоблӯе сапед.

Чандест,
Наққошони сурёлист,
Ӯро рабуда,
Маро ҷоду кардаанд.

Акнун
Бар сандалии рӯбарӯям,

Як наққошӣ,
Бар сандалии рӯбарӯяш,
Як наққош!

Рӯзгоре, ба таъбири шоир дар зери «бофаи хаёл» хешро паноҳ мекунад, то ки дар ҷаҳони рӯъёҳои худ зиндагӣ намояд. Зеро ба гуфти ӯ «зиндагиро танҳо як бор метавон зист» ва «ҳар шеърро танҳо як бор метавон суруд», вале ҳар бор бо дидани шоҳбонуи паричеҳра, ки аз «табори шабнамҳост» зиндагӣ ба чашми ӯ боз зиндатар мегардад ва ба андешаи шоир «зиндагӣ ҳар рӯз моро мезияд». Ба таъбири шоир:

Сухан агар, ки зебо буд,
Хомӯшӣ низ сухане мегуфт!

Шоир лаҳзаҳоро чунон ба тасвир мекашад, ки онҳоро мебинӣ, ламс мекунӣ, эҳсос менамой, бӯй мекашӣ. Яъне сохтмони шеърро дар фазои чаҳор унсур ва муҳити шаш ҷиҳат моҳирона барчида, худро шоири наққоши ҳаким ба ҷилва медиҳад. Намунаи барҷастаи ин андеша шеъри «Ду бушқоби фалсафа» мебошад:

Ҳамин ҷо рӯи ҳамин миз:
Ду барг нону коҳуе тоза,
Ду тика панир, ду шеъри гарм,
Ду коса мусиқии азалӣ,
Ду бушқоби фалсафабофӣ.
Ҳамин ҷо рӯи ҳамин мубайл
Ду тарона пур аз коняк,
Ду пироҳан пур аз бетобӣ,
Ду мавҷи қирмиз дар камаргоҳ.
Ҳамин ҷо
Дар рӯшаноии ҳамин шаб:
Лиз хӯрдани ду фалсафа бар бистар,
Пичпичаҳое ба ҳам бофта,

Қирмизиҳое дар ҳам танида,
Ду пироҳани тӯфонзада,
Ду таронаи тиҳӣ.
В-онгоҳ,
Ду хамёзае нозанин!

Дар ин баргузида шеъре бо номи «Нони гарми лабҳоятро дӯст дорам» ҳаст, ки моро ба ёди як байти Анбори шоир –ошиқи писари ҷавоне шуда буд, мебарад ва Рашиди Ватвот андар баёни санъати иҳом байти зери ӯро зикр мекунад:

Он кӯдаки таббох бар он чандон нон,
Моро ба лабе ҳаме надорад меҳмон.

Вожаи «лаб», ки баъд аз калимаи нонво табъан ба маънои канораи нон тасаввур мешавад, ба маънои «лабҳо» [и инсон] низ ҳаст ва талвеҳан ин маъниро мерасонад, ки: «Ӯ моро ба лабҳои худ даъват намекунад». Анборӣ аз ин ваҷҳи маънои калимаи лаб ғофил буд ва Ватвот ӯро аз номи муносиби он огоҳ сохт. Вале Монӣ ҳамин маъниро ба гунаи рӯшантар, ки мухотабаш дилбари маҳҷабин мебошад, баён мекунад:

Нони гарми лабҳоятро дӯст дорам,
Донаҳои гандуми суханатро низ.

Албатта, роҷеъ ба ҳар шеър, ки вориди ин маҷмӯа шудааст, метавон нақду назаре ироа намуда, аз он бозёфтҳои шоиронаи Мониро рунамой кард. Вақте сурудаҳои ин шоири мубтакир аз сӯи аксари мунтақидон ва пажӯҳишгарони соҳибномии Эрон мавриди эътироф қарор гирифтанд, чӣ ҷои он мемонад, ки мо бештар аз ин биафзоем бар ин муқаддимаи вуруд ба ҷаҳоне дар паҳнои фикрии каломи Монӣ ё ба таъбири худаш ватани ӯ. Ва ҳамчунин тарҷумаи ашъори ӯ бар чанд забони дунё, минҷумла олмониву донморкиву инглисиву ҷопонӣ ва нашри 54 ҷилд аз осори ин суханвари мумтоз дар назму насру таҳқиқ худ рӯшантарин далели шаҳомати адабӣ ва эътирофи мақому ҷойгоҳи ӯст дар қаламрави шеъри имрӯзи ҷаҳонӣ.

Беҳтар он аст худ хонандаи арҷмандро раҳнамун созем, барои мусофират ба қаламрави ин ватани боварҳо, ормону андешаҳо. Итминон дорем, ки мутолеаи ин маҷмӯи ашъор барои ҳар нафар мухлиси шеър атияҳои маънавиеро аз олами ирфону фалсафӣ, хаёлоти ҷаззобу рангин, дунёи пур аз шодобиву нусратёрӣ, ихлосу иродат ва самимият тақдим хоҳад намуд.

Нуралӣ Нурзод
Умриддин Юсуфӣ

Рӯзномаи об

Парвона
То чашмҳои моро ҳайрони рангҳои навинаш кунад;
Парво намекунад, ки пора пораи парҳояшро
        Дар иштиҳои қайчӣ ҷо бигзорад
Дилбандам!
Агар қайчии марг ночорамон кунад, ки тоза шавем
Рӯйдоде дар шуур равон нашуда.
Тозагии мо
Дар ҳазфи пайвастаи худи мост.

Мулҳафаҳоро дар урдибиҳишт такондаам
Чуруқҳои торик
Хоби зимистонӣ
Ва бӯи кӯҳнасолиро аз онҳо зудудаам.
Бояд биёиву бибинӣ!

Себе, ки сархушона
Худро ба теғаи зарини Каҳкашон кашид, то тоза шавад
Тика-тика шуд.
Барои тоза шудан,
Қуллаеро, ки бар онам
        Домана мекунам!
Мадорро мешиканам
То бо нармои нур бар ту битобам.
Ту ҳам сояи маро дар бистарат соф кун!

Чаро, ки на?!
Он китоби фалсафаро ҳам албатта, ки дур меандозем
То танҳо рӯзномаи обро бихонем.
Ба тозагӣ бонуе бо номи насим ба ман фалсафа меомӯзад
Бояд биёиву бибинӣ!
Он тандиси куҳанро ҳам дур меандозем,
Ҳаво пур аз пайкараҳои тоза аст!
Норинҷи шикастаро
Аз даруни обҳо бардошта;
Дубора ба осмон партоб мекунем
То таномезӣ рӯшан шавад!

То чашмҳои туро шигифтзадаи рангҳои навинам кунам
Себи диламро
Ба теғаи заррини Каҳкашон метобонам
Ва дар таврики об нопайдо меравам.

Ва сад то агари дигар

Агар ногаҳон дилат барои сангҳо танг шуд,
Ва ду санги куҳансоли кӯчакандомро дар канораи рӯде ҷо гузоштӣ
Агар ба ногаҳон қулвасанги шӯълаваре
дар рагҳои нозукат давидан гирифт
- чандон то сӯзише дилпазиру рагпазир ба ту бахшид –
Агар дар утоқе, ки набояд нишоне аз худ барҷой бигзорӣ,
Зерпӯш, билет ва корти бимаатро ҷо гузоштӣ
        Бипазир, ки ошиқи ҷонам!

Агар ҷонат ба занги тилфун баста шуд.
Дастат бар сандуқи пуст,
Ва чашмат ба панҷараю ситораҳо,
Ва ангуштонат ба ҳаво
        Бипазир, ки дилбохтай, бипазир!
Агар фаромӯш кардӣ ному зодрӯзат чӣ буд?!
Хонаат куҷо буд?!
Агар дар дафтари тилфунат номи ҳамаи ишқҳои пешинатро хат задӣ
Ва номи он забонбастаро навиштӣ,
Ва ҳай мисвок задӣ, атр ба худ пошидӣ,
Ва надонистӣ ин бӯи тани кист, аз танат, ки меояд,
        Бипазир, ки дилрафтай азизам, бипазир!

Агар ҳамаи номҳоро, номи як нафар шунидӣ
Ва саргардон мондӣ, ки ба ҳангоми дидор бо ӯ чӣ бипӯшӣ?!
Ва дидӣ ҳарчӣ мепӯшӣ баҳат намеояд,
Ва ҳай зебоиатро дар оина озмудӣ бе он, ки хурсанд шавӣ,
    Бипазир, ки корат сохтааст, бечора!
Аз дастрафтай ва ба дастомадай!

Яъне, ки бахшандаи даҳон, дил,
Шабҳои обшада ва ҳарчи дорӣ шудай,
Яъне гичи азизам, ошиқӣ!
Нагунбахти некбахти ман!
(дилам восе - ш месӯза!)

Агар барои сагҳои раҳгузар шаклак даровардӣ,
Агар қору кури қурбоқаҳо, ба гӯшат оперои ҳастӣ омад,
Агар пеш омад, ки шеърҳои Мониро дӯст бидорӣ,
Агар насимро ба даруни пироҳанат роҳ додӣ, ки ҳарчи хост бикунад,
Агар аз ваг – ваги инсонҳои нахустин хушат омад,
Агар пеш омад, ки беҳуда бихандӣ,
Алакӣ[1] бигирйӣ,
Ва бесабаб дар хиёбон шилангтахта[2] бияндозӣ,
Бипазир, ки ғазали худоҳофизият хонда шуда, хушгилам!
    Бипазир, ки ошиқтар шудай!
    Алфотиҳа...
Шояд ишқи ман ба ту буд, ки туро ба ин рӯзи сапед андохт!
Дар ин сурат
По шав биё пеши худам!

---

1 Алакӣ - дар гӯиши омиёна мардуми Эрон маънои беҳуда, бесабабро ифода мекунад.

2 Таркиби шилангтахта ё шалангтахта дар гӯиши маҳаллии Эрон маънои беҳударо адо мекунад.

Ман ҳам чандест ҳамингуна шудаам.
Яъне,
Ба оперои қурбоқаҳо меравам
Бо аксҳои ту ҳарф мезанам,
Ва масали одамҳои нахустин, сар ба ҳаво шудаам!
Ту ҳам бигӯ: vл-фотиҳа…!
То ман ҳам бигӯям: ано мадинату-л-ишқи ва анти бобуҳо!

Бепарда

Пардаи пур ситораро
Аз рӯи боғ, ки бардорам
Бедор хоҳӣ шуд
Ва худро дар вожаи сапеда хоҳӣ ёфт.

Ҷои ту дар даҳони уфқ нест
Пар бигир!

Фаромӯш намекунам,
Ҳар бомдод бояд,
Дар вожаи дигар аз хоб бар шавам
    То ин китоб сабз бимонад.

**

Ҳар гоҳ шулои[3] нурро
Бар хонаи дарахт бияндозам,
Шеъри по ба сафарро
Аз дарвозаи шуҳуд бигзаронам,
Ҳар гоҳ пушти пои сафаркардаҳо парвона бипошам[4]
Бедортар хоҳӣ шуд дар вожаи паранда
    Ки бар шонаам қарор надорад!

---
3 Шуло – хирқа, хирқаи дарвешон
4 Эрониёнро расм аст, вакте касе мехоҳад ба сафар биравад, пас аз рафтани ӯ аз хона пушти сари ӯ об рӯи замин мерезанд, ки сафаре бехатар дошта бошад. Ин расм дар Тоҷикистон ҳам маъмул аст. Монӣ ба ҷои об парвона мерезад.

Ин гоҳ
Рӯз роҳ хоҳад уфтод
Чун ҷумлае дар китобе сапед
То дарёфте тоза дар забон бигушояд.

**

Ба ин паранда,
Ки ба зудӣ дар ҳаво об мешавад
Гуфтаам
-агар бипазирад-
Ки шеъри манро дастикам гирифтай
Аз ин гуна, ки бар он тухм ҳиштай
Ин шеър нест,
Шохае аз шуҳуди аён аст
-ҷаҳанда-
Ҷаҳон аст!
Ҳар бор, ки мехонад
Дарёфте шаффофтар дар боғ мегушояд.

Рӯзро
Аз рӯи боғ, ки бардорам
Бедортар хоҳӣ шуд
Ва аз миёни ин – он ҳама калима
Худро дар вожае ҷаҳанда
-ҷаҳон-
Хоҳӣ ёфт.

Бозгашти себи Нютон ва Тоҳираи қурратулъайн

Мо аҳли як корвон будем,
Аз пойтахти хурофот ба рӯшной мерафтем.
Бодия хушк буд, доғ буду бесаранҷом.
Нютон хуршедро сари ҷояш гузошт,
Себро ба ҳаво андохт!
Ман пештар аз ҷозиба, себро гирифтам
Ва дар даҳони Тоҳираи қурратулъайн ниҳодам.
Нютон гуфт: гаронаш[5] аз Худо ба себ мунтақил шуда!
Тоҳира себе сӯзон дар даҳон дошт.

Аз лобалои мурдагон ва арвоҳи саргардон мерафтем
Ресмонҳои илоҳиро пора мекардему мерафтем.
Санглох, зери похомон овои сантур дошт
Тоҳира пистон дар даҳони ғазалҳояш ниҳода буд
Ва Эйнштейн пушт ба неондарталҳои муҷтаҳид,
Ҳастиро дар як рег ҷой медод
Ва регро ба паҳнои Каҳкашон мунбасит мекард.
Дасти кӯчаки ман дар дасти Тоҳира буд
Рӯи мусиқии регзор гом бармедоштам.
Об набуд, нон набуд
Ресмони Худо пора буд
Ояҳои газанда чанбара баста буданд.

---

5 Шоир кувваи ҷозиба, яке аз се қонуни Нютонро дар назар дорад.

Онгуна, ки гӯшмоҳиҳо[6] дар соҳил ҷой мемонанд,
Кафшҳо ва фалсҳои[7] дурахшони шеър дар регзор ҷо монда буданд.
Кафшҳоро пӯшидам ва фалсҳоро дар дафтари шеърам рехтам.
Тундоб худоёнро аз хундоб ба дашт оварда буд
Марями муҷдалия пушти яке аз ин хоросангҳо муошиқа мекард,
Даҳонаш пур аз сурахои сӯзон буд.
Нича бар кундае нишаст ва ба дурдаст нигарист!

Каме дуртар
Фариштагон рӯи сурсураи[8] султони соҳибқирон[9] сур мехӯрданд.
"Қиблаи олам"[10] чашм ба роҳи Тоҳира ва Марям буд!

Ардависуро Оноҳито бе аробаю борон бо мо буд.
Монанди ҳаво доғ буд.
Синаҳояшро ба насиме, ки намевазид метобонд.
Нахустин алифборо аз сарангуштони ӯ ва хорбуттаҳо меомӯхтам.
Ва дастам дар дасти Тоҳира мисли як шеъри ошиқона арақ карда буд.

Хабар расид Попи аъзам
Ҷордону Бруноро сӯзонд.
Нича гуфт:

---

6 Гӯшмоҳӣ ба маънии садаф, ки канори дарё пайдо мешавад.

7 Фалс – пулаки моҳӣ

8 Сурсура – мисли бозии бачаҳо, ки дар боғҳо ва поркҳо аз болои он ба поин лиз мехӯранд (сур мехӯранд)

9 Соҳибқирон: лақаби Носируддиншохи Қоҷор. Ӯ дар харамсарои худ сурсурае дошт, ки ҳангоми муошиқа ва наздикӣ бо занони худ онҳо рӯи он сур мехӯрданд. Ин сурсура ҳанӯз дар музее дар Теҳрон нигаҳдорӣ мешавад.

10 Қиблаи олам – лақабест, ки хидматкорони дарбори Қоҷор шоҳонро ин гуна хитоб мекарданд.

"Худо мурд!
Мо ӯро куштем!
Зардушт аз ин рӯй ба гуфтор омад!"

Пои ман рӯи як сура, ки аждаҳое балъида буд, лағзид.
Чанд оя чанбара кушуданд.
Хез бардоштанд то соқҳои Тоҳираро неш зананд
Биёбон наъра зад
Ресмонҳо аз осмон, гусаста фурӯ рехтанд
Биёбон зӯзаи мурдагонро бар сару рӯямон фишонд.

Портизонҳо, ки Луркоро куштанд
Тоҳира гуфт:
"Худо мурд,
Пайравони Худо Худоро куштанд".

Биёбон ба биёбон ва сада ба сада мерафтем
Истиван Ҳовкинг дар халои квонтумӣ
Дунболи байте гумшуда аз Готоҳо буд.
Ман ин байтро зери забонам ниҳон карда будам
То ба зории биёбону овози мурдагон наёлояд.

Тоҳира биёбонро то мекард,
Бар он меистод ва
Тулӯи пистонҳояшро
Ба духтарону писарони садаи баъд мужда медод.
Дар пистонҳояш шӯри шеър; ва шири шуур моя баста буд.
Зане шоир зери ақоқии чашм ба роҳи Тоҳира мехонд:
"Шефтаи бало манам, бо ғамат ошно манам
Аз ҳамагон ҷудо манам, зарра манам, ҳабо манам,
Шохаи ҳиндбо манам, ошиқи бенаво манам
Бе ҳаду интиҳо манам, мазҳари кибриё манам.

Масти майи лиқо манам, мӯътарифи хато манам!"[11]

Паранда бар шонаҳои ҳаво посух медод:

"Гар ба ту уфтадам назар, чеҳра ба чеҳра, рӯ ба рӯ,
Шарҳ диҳам ғами туро, нукта ба нукта, мӯ ба мӯ.
Кӯча ба кӯча, кӯ ба кӯ, чашма ба чашма, ҷӯ ба ҷӯ,
Лола ба лола, нӯ ба нӯ, меҳр ба меҳру, хӯ ба хӯ
Тор ба тору пу ба пу, парда ба парда, ту ба ту!"[12]

Вақте Маҳастӣ кафи дастамро рӯи шонаи бараҳнааш гузошт
"Сапедаи порсӣ"[13] чун муште кишмиш даҳонамро пур кард.
Поҳои мо бо ресмонҳои ҷозиба ба замин гираҳ хӯрда буд
Ҷозибаро қайчӣ мекардем, то ба дурҷои ҷаҳон биравем.
Истиванро ба Миҳбонг биспорем,
Эйштейни беқарорро дар мадори ҳафраҳои квонтумӣ қарор диҳем,
Нютонро чун насим рӯи биёбон бигушоем
Тоҳира ба дашти Бадашт барояд.
Бозмегаштам ва
Аҳли ҳадис монанди баргҳои хушк,
Зери поҳомон хурд мешуданд
Анна Ахматово зери як ақоқӣ нишаста чашм ба роҳ буд.
Вақте Тоҳираро дар чоҳе ғурубонданд
Фарёд баровардем:
Худо барои ҳамеша ғуруб кард!

---

11 Порае аз ғазали Тоҳира
12 Пораи дигар аз ғазали Тоҳира
13 Сапедаи порсӣ – номи китоби шоир аст.

Агар дастони маро дар даст бигирӣ дархоҳӣ ёфт
Ки онҳо ҳанӯз ҳам
Аз арақи дастҳо, партави пистонҳо
Ва гармии фикрҳои Тоҳира таб доранд!

Болҳои баланди Одаропоно

Одаропоно!
Зодгоҳам! Меҳанам!
Ту медонӣ, ки решаҳоям дар хоки ту мерақсанд
Шодоб, неруманд, ҳазоронсола.
Дар ҳайати гирдбодонӣ, ки аз бохатарат меоянд
Бар даштҳои ту мечархам
Ҳушдордиҳанда, бетоб!
Аз болҳои бӯ – бӯ сур[14] мехӯрам
Монанди синфунии накисонӣ,
Бар боғҳои зодгоҳам мегустарам.
Бо бухори даҳони асбҳои саркаш
Бо даму боз дами Рахш
Дар кӯчаҳои ту пахш мешавам...

---

14 Сур хӯрдан: ба манъои лиз хӯрдан аст

Чоқу

Чоқу себро ду нима кард,
Нафрат моро
То дубора себе
Бар дарахте бирӯяд.
Хазон бар замон хоҳад вазид.

Шамшерҳо

Шамшерҳо дарҳам мешикофанд,
Порчае ҳаворо,
Захми номаръиии ҳаво беҳбуд мепазирад.

Шамшери забон,
Рӯҳи дигаронро, ки медарад,
Дастони абадият низ,
Аз дармон тиҳӣ мемонанд.

Хаёл

Ҳар гоҳ нестӣ,
Рӯъятро дар оғӯш мефишурам,
Бозу, ки мегушоям.
Фурӯ мелағзӣ!
Хаёл, сояи воқеият аст!

Қӯрии чинӣ

Гиромитарин узви хонавода буд, қӯрии чинӣ!
Гирдогирдаш менишастем.
Ба замзама ҳикоятҳо мегуфт.
Ҳаким буду хирадманду инсонгаро,
Кучулу монанди ман,
Файласуф мисли шумо!

Ҳикмати сурхаш, бедорамон мекард,
Бухори хушбӯяш
Ҳушёрамон мекард.
Чӣ корҳо, ки намекард қӯрии чинӣ!
Бо нигораҳову рангҳояш
Ниёишгоҳи Чини куҳанро мемонист,
Рӯи мизи асалӣ.

Бигӯӣ нагӯӣ пайрави Буддо буд,
Нишаста ором, андешаманд.
Танаш гарм буд
Чун себе дар офтоб
Ва офтобе дар себ.

Монанди ман набуд
Эродҳои сими зарфшӯиро мепазируфт
То барроку белак бимонад.
Ростӣ, чаро ман чун ӯ набудам?!

Монанди ман набуд
-Чунин худшефтаю худхох?!

Замзама мекард:
«Беоб, беоташ,
Бебӯтаҳи чой, беистакон,
Белабҳои ту, бе сими зарфшӯӣ,
Чистам ман?»
Ростӣ, чаро ман бо ӯ ҳамандеш набудам?!

Кӯрии чинӣ,
Ҳатто он гоҳ, ки тиҳӣ,
Дар зарфшӯӣ ба паҳлӯ мехуфт,
Мисли ҳафсалае сиррафта
Ва мазомири Монӣ
Баёнгари танҳой буд.

Дами ғуруби ман,
Ба саромики ошпазхона фурӯ шикаст.
Ҳамчун пасин ҷумлаи Ҳегел бар бистари нестӣ.
Монанди Худо бар коғази Нича,
Чун Нича бар коғази Худо,
Монанди рӯзҳои ман дар баробари монитури[15] лоятаноҳӣ.
      Тика, тика, тика шуд,
Чун Буддо дар пайравонаш,
Чун ҷумлае, ки бар сангфарш бишканад;
Дар вожаҳои нӯгтез,
Воҷҳои паранда
Чанд чака хун
Ва тарошаҳои як ишқ.

---

15 Монитур: ин ҷо шоир ҳамон монитори компютерро мавриди назар дорад.

Шеъри шикастаро
Бо чору ба хокандоз мебарам.
Бо хокандоз ба хокрӯба
Бо хокрӯба ба абадият,
Ростӣ чаро абадият пушти хокрӯба пинҳон шуда?!

Понависро ба матн роҳ медиҳам:
Хонандагони гиромӣ!
Ҷаноби олӣ аз дастҳо то саромикҳо дар парвозед,
Ҳатто, агар гиромитарини «бандаи Худо» бошед!
Нестӣ, чашм ба роҳи шумост!

Агар гуфтед,
Шакли қӯрии чинӣ,
Акнун куҷо ниҳон,
Ё ошкор аст?

2003 .08 .21.

Ҳақиқат

Замин, ки мечархад,
Нагунсар мешавам
Бе ки бидонем.
Ҳақиқат, ки мечархад.
Сарнагун мешавем,
Агар ки надонем!

Ишқ

Сапедадам, гиреҳгоҳи шаб аст бо рӯз,
Ғуруб низ.
Шакл, гиреҳгоҳи ҳастист бо нестӣ
Бе шакл низ.
Ишқ, гиреҳгоҳи ниҳояти нестист
Бо ҷовидонагии ҳастӣ.

Себ

Аз Каҳкашони дарахт,
Себе чидам,
Аз дарахти Каҳкашон,
Заминро.
Кафи дастонам
Саршори бӯи себ!

Боварҳо

Бе дарё киштӣ бемаъност.
Поёни киштиҳо, аммо дар дарёст!
Бидуни бовар, инсон, бемаъност
Поёни одамӣ, аммо
Дар бастмони боварҳост!

Анорҳо

Кӯдак
Анорҳои фишурдаро ба нармӣ мемакад
Замон, гуноҳои кӯдакро.
Хурдина, ки будам
Анори чурикида[16]ам дар даст буд,
Инак, анори чурукидаи гуноҳо!

---

16 Чурикидан ин ҷо ба маънои пажмурда шудан омадааст.

Умр

Умрамро
Ниме ба ишқ додам,
Ниме ба зиндагӣ.
Ду тиккаам кунун
Ниме дар равшанӣ
Ниме дар торикӣ!

Камбуд

Кӯдакон бо лабханде
Торикиро аз чеҳраи мо мешӯянд,
Кӯдаконро дӯст медорем,
Чун ду чиз кам доранд:
Ҷаҳонбинию қудрат!

Ватани ман

На дар чакае борон,
На дар порае аз хок аст Ватанам,
На дар хобҳои кабуди модарам
На дар гузарномаи ҳарҷоиям
На дар ҷомаҳои фарсоянда,
На ҳатто дар танам
На дар ҳубоби торики танҳоиям
На дар табори меҳолудам
На ҳатто дар даҳон ё оғӯши занам
Меҳани ман, калимоти мананд,
Ки ҳамчун пираҳане нарм,
Ҷаҳонро дар худ мепӯшонанд!

Чака ва санг

Чака чака
Роҳе гушуд дар санг,
Дареғо на вожаҳоям ба сахтии об,
Ва на дили ту ба нармии санг буд!

Гӯсфандон

Дар кӯдакӣ,
Гӯсфандон маҳбубтарин дӯстонам буданд.
Он гоҳ, ки ба андозаи кофӣ бузург шудам,
Тиккаҳои кабоби гӯсфандон,
Дар бушқобам буданд!
Акнун
Дар бушқоби дӯстони сиёсиям омодаи тановулам,
Хӯроки дӯстоне шудаам,
Ки беш аз ман рушд кардаанд!

Зери болаи[17] хуршед

Дар чархишгоҳе ба кӯчакии Каҳкашон
Зерболаи хуршед
Нут ба нут ба ҳам мепечем.
Бол мегушоем,
Он гоҳ рӯи ҳам пар-пар мешавем.
Чакаҳои Каҳкашон
Аз шиёри гурдаат[18] фурӯ мелағзанд,
Моҳ, сояи заминро канор зада,
Пайкаратро мепасояд
Майи шеърам сархушат карда,
Шеъри чашмонат хирадмандам карда!
Бо баромадани бомдод,
Дар Каҳкашоне ба кӯчакии хобгоҳ,
Нут ба нут
Аз ҳам боз мешавем!

---

17 Бола: манзур рақси балет аст
18 Гурда: ин ҷо ба маънои шона ва гардан

Истгоҳи пирӣ

Ва дигар ин ки
Ҳар гоҳ бо зиндагӣ ба дурустӣ канор ойем,
Марг ҳам
Бо мо ба дурустӣ рӯёрӯ хоҳад шуд.

**

Пирӣ истгоҳест,
Ки дар онҷо чашм ба роҳи марг мемонем.
Гоҳ барои омаданаш бетобем,
Гоҳ аз оҳанги омаданаш мечурукем.[19]

**

Ва дигар на ин ки
Ононе аз марг метарсанд,
Ки зиндагиро назистаанд?

Ва дигар ин ки
Чӣ ҳақиқати зебоест марг,
Ҳар гоҳ дарёфта бошем:
Зеботарин ҳақиқат зиндагист.

---

19 Чурук – чин ва ожанги пешонӣ

Паранда дар мушт

Парандаи дар муштро
Агар бифшурӣ
Бимирад.
Мушт агар бигшой,
Бипарад!

Бар ин боварам, ки
Дар мушти ту бимирам
Басе зеботар аст,
То аз ту пар бигирам!

Як қора, як шеър

Як қораро.
Танҳо як бор метавон ёфт.
Ҳар шеърро,
Танҳо як бор метавон суруд.
Зиндагиро
Танҳо як бор метавон зист.
Аммо
Ҳар бор, ки шаҳбонуям ба толор меояд.
Тоза аст,
Ҳар бор, ки месароямаш
Тозатар.
Ва зиндагӣ
Ҳар рӯз моро мезияд!

Лои ангуштони баҳор

Лои ангуштонам баҳор.
Лои ангуштонат таб.
Ҳало Луё!
Дар пироҳанат баҳор.
Дар пироҳанам таб.
Ҳало Луё!
Панҷа дар панҷа
Дар ҳамоварде
Дар ҳамомезе!
Ҳало Луё!
Ҳало Луё!

Нони гарми лабҳоят

Нони гарми лабҳоятро дӯст дорам.
Донаҳои гандуми суханатро низ.

Асали суханатро дар даҳони шеъраму
Ревоси тарди ангуштонатро дар даҳонам
                                    дӯст медорам.
Дӯст медорам:
Болиши ронҳо,
Замони мосида бар нохунҳо,
Ишқи чакида бар дил,
Ва бештар аз ҳама
Шеъри доғеро, ки забонат дар даҳонам мегузорад.

Саворони гумшуда

Саворон дар таърих гум шудаанд.
Паёмбарон дар биёбонҳо
Подшоҳон дар вайронаҳо.

Шаҳбонуи арҷмандам!
Ҳар гоҳ ҳаюлоҳо низ
Заминро ба тамомӣ осуда гузоштанд,
Танготанги дилам биншин то:
Наққошон моро бисароянд,
Шоирон моро бинавозанд,
Навозандагон моро наққошӣ кунанд
      Ва ин ду парандаи баҳорӣ
Монанди мо ошёна бибофанд!

Зистан дар ту

Ба зиндагӣ, ки меандешам,
Ба ту наздиктар мешавам.
Ба марг, ки меандешам,
Ба ғуруб дар мурдоб наздиктар мешавам.
Ба оянда, ки меандешам, аммо
Ба зиндагӣ меандешам
Ва ба зулолии доноият.

Онгоҳ ба бедорӣ меандешам
Ба зистан дар ту
Ва ба рӯиши дубора бо ту
Чун нилуфароне бар мурдоб.

Ҷустуҷӯгарон

Онон саргардонанд,
То аз миёни адён кадоме киро баргузинанд?
Онон миёни худоён
Дар ҷустуҷӯи ҳақиқате гумшудаанд.

Дар ҷустуҷӯи шодии абадӣ,
Миёни ҳақиқату дурӯғ
Миёни ин ҷаҳони талх
Ва он дунёи хаёлангез сар мегардонанд!

Ман аммо дармондаам,
Дар кадоме ки аз вожаҳоят ошёна кунам?
Ва аз миёни ангуштонат,
Кадоме киро барои макидан баргузинам?

Рӯбарӯи хаёл

Бар сандалии холии рӯбарӯяш
Нишаста манам.
Бар сандалии холии рӯбарӯям
Ӯ.

Рӯбарӯяш хаёл шеър мехонад,
Рӯбарӯям хаёл наққошӣ мешавад.

Рӯзе рӯзгоре,
Бар сандалии рӯбарӯяш,
Шоире нишаста буд
Бар сандалии рӯбарӯям
Тоблӯе сапед.

Чандест,
Наққошони сурёлист,
Ӯро рабуда,
Маро ҷоду кардаанд.

Акнун
Бар сандалии рӯбарӯям,
Як наққошӣ,
Бар сандалии рӯбарӯяш,
Як наққош!

Дастҳои пешини ман

Дампоиҳояш
Рӯзеву рӯзгоре
Дастҳои ман буданд!

Пироҳани баландаш,
Рӯзеву рӯзгоре,
Оғӯши ман буд!

Ин хобҷомаи нарм,
Ин хобҷои гарм,
Ин пурзҳои парокандаи пичпича,
Ва ин хаёли чурукидаеро, ки мебинӣ,
Рӯзеву рӯзгоре
Шеърҳои ман буданд.
Ҳамин шеърҳое, ки намебинӣ!

Ду бушқоби фалсафа

Ҳамин ҷо рӯи ҳамин миз:
Ду барг нону коҳуе тоза,
Ду тика панир, ду шеъри гарм,
Ду коса мусиқии азалӣ,
Ду бушқоби фалсафабофӣ.
Ҳамин ҷо рӯи ҳамин мебел[20]
Ду тарона пур аз конёк,
Ду пироҳан пур аз бетобӣ,
Ду мавҷи қирмиз дар камаргоҳ.
Ҳамин ҷо
Дар рӯшаноии ҳамин шаб:
Лиз хӯрдани ду фалсафа бар бистар,
Пичпичаҳое ба ҳам бофта,
Қирмизиҳое дар ҳам танида,
Ду пироҳани тӯфонзада,
Ду таронаи тиҳӣ.
В-онгоҳ,
Ду хамёзае нозанин!

---

20 Мебел: ба маънии копона ва сандалии роҳатӣ (диван) аст.

Зеботарин паёмбар

Бо ин ҳама оя,
Ки бар дарахти бомдод меафшонад,
Медонем, ин канорӣ
Паёмбари зеботарини Худост.

Дар шеъри ман
Бо ҷуфташ мехобад.
Бо ин болҳои рангафшон
Ва суханони фалсафиаш.

Медонем, ки ин канорӣ,
Донотарин паёмбар аст.

Худаш аммо намедонад,
Онгоҳ, ки раҳбари оркестр,
Дар баробари навозандагон
Хаму рост мешавад,
Аз шохаҳои ин оҳанг,
Ба шонаҳои он навозанда мепарад.
Ояҳое роҳкушо барояшон мехонад,
Мабодо гумроҳ бинавозанд!

Гоҳе
Бар тоблӯи як наққош менишинад

То ӯ рангҳои аз дастрафтаро боз ёбад.

Гоҳе дар шеъри ман
Тухм мениҳад
То дубора зода шавам!

Чизеро, ки «ҳама» медонанд, мо намедонем,
Чизеро, ки мо медонем, ҳама намедонанд:
Ин канорӣ,
Ҳамоно худи Худост,
Ки рӯи шохаи сапедадам,
Ҷаҳонро дар овозаш меофаринад!

Сурудҳои барбодрафта

Он ҳама суруд, ки барои гуруснагон нигоштам,
Дар гурснагӣ дафн шуд!

Он ҳама ғазал, ки барои озодӣ нигоштам,
Дар хун фурӯ шуд!

Он ҳама овоз, ки барои ранҷдидагон хондам,
Зери поҳошон лиҳ шуд!

Он ҳама парчам, ки барои қаҳрамонон афроштам,
Дар чархиши шамшерҳояшон аз ҳам дарид!

Он ҳама тӯфон, ки барои пирӯзӣ барпо кардам,
                        дар шикаст нишаст!

Аммо
Он ҳама ситоишсуруд,
Ки барои маъшуқ нигоштам,
Чандон набуд,
Ки напазирад,
Нарм нахуспад,
Дар лифофи дилам.

Бинобар ин,
Нармбонуи ман!

Ҳар гоҳ ба дунёи ман омадӣ,
По рӯи ин шеър нагзорӣ!

Чаро ки ман,
Дар он хуфтаам,
То дар лифофи дилат бишкуфам!

Дигарпазирӣ

Он осмон метавонист бунафшранг бошад,
Ин дунё метавонист наҳанг бошад,
Он анкабут метавонист як себ бошад,
Ин хок метавонист обиранг бошад,
Чаро нашуд?!

Ба назар мерасад ҳастӣ,
Шакле дилхоҳи худ гирифта,
Зеҳни мо ҳам шакле дилхоҳтар.
Ба нигар мерасад ҷаҳон, нофармонӣ мекунад!

Акнун, ки чунин аст,
Дар рӯёрӯӣ бо ҳастӣ,
Тӯфонро гули нилуфар бибинем,
Харбузаро рӯдхона,
Фалсафаро рӯбоҳ
Ва Ҳимолиёро испарам!

Нашуд? Намешавад!

Агар намешавад, пас чӣ гуна мехоҳӣ,
Ончунон бияндешам, ки ту мехоҳӣ?
Ончунон бошам, ки ту мехоҳӣ,
Ончунон бимирам, ки ту меписандӣ,
В-онгуна бисароям, ки хушоянди ту бошад?

Шояд беҳтар бошад, ки
Ту аҳли осмон бимонӣ
Ва бигзорӣ ман ҳам заминӣ бошам!

Акнун мепазирам, ки
Осмони обӣ зебост
Ва паранда дар осмон зеботар!

Гандумзор

Меояд, шабона меояд,
Муште кӯчак аз ҷаҳон бармедорад.
Зери пӯсти баҳор меафшонад.

Гандумзоре, ки мебинед, манам!

**

Меравам, шабона меравам.
Муште аз орзуҳои бинокаҳқашонӣ бармегирам
Дар абрҳо мениҳонам.

Ишқе, ки меборад бар гандумзор ӯст!

**

Меояд, ба рӯзоҳангом меояд,
Дарав мекунад,
Хирманро ба бод медиҳад.
Бӯсаборони гандуми пайкараш манам!

**

Меравам, ба рӯзоҳангом меравам,
Овозҳои боронро гирд меоварам.
Ин ишқ, ки дар он шиноварем, ӯст!

Лояҳое аз хун

Дар шиканҷагоҳ,
Ӯ чанг дар гулӯбанди ту андохт
Муҳраҳо гусехтанд
Ва мо бар замин рехтем,
      Рӯи лояҳое аз хун!

Нобаҳангомон

Ту рӯзе ба ман хоҳӣ андешид,
Ки дер шудааст.
Ман рӯзе ба озодӣ хоҳам андешид,
Ки дар асорат бошам.
Рӯзе ба Хуршед хоҳам андешид,
Ки фурӯ мурдааст.
Ва рӯзе ҷавонандеш хоҳем шуд,
Ки пир шудаем.
Ман рӯзе ба ту хоҳам андешид,
Ки дигар нестӣ.
Уф бар ин нобаҳангомоне, ки моем!

Қоиқи мағруқ

Дар қоиқи мағруқ,
Айнаки заррабине дигар намебинад.
Моҳиён, кашфҳои чарминро гусастаанд.
Бутрии нокушадаи конёк,
Масти фазоили худ,
Зери лояҳои ларзони лачан,
                            киф мекунад.

Дар қоиқи таҳи дарё,
На бомдод, на шомгоҳ.
Моҳии беранги маъшуқ
Дар обхоб, ҳал шуда.
Садафе сапед
Номи дилбандро аз диле лаҳида
Ба дили худ бурда, ишқ мекунад!
Дар таҳи дарё,
Дафтаре тиҳӣ
Аз шеъри дарё пуршуда
Ва париёни дарёй овози ғариб мехонанд.

Аммо ҳанӯз дар таҳи дарё,
Соати ёдгорӣ,

Номатро сония-сония менавозад.
Дар таҳи фалсафа
Ва дар кусуфи файласуф...

Сафар

Дар ин сафар,
Чизе дар аксҳое, ки бармедорем,
Нахоҳад монд.
Аз аксҳо берун меравам,
То ҷовидонагӣ ҷои маро пур кунад.

Рӯзе, ки шинели нигоҳи шумо,
Аз пайкарам бияфтад.
Ва рӯшаной аз шонаҳои ман биравад
Ва осмон аз рӯи ман бархезад,
Хоҳед дид:
Чизе аз сояҳое, ки бар ҷой мениҳем нахоҳад монд.

Ин об,
Аз шонаҳои пул хоҳад гузашт,
Ва ҷаҳони ҳақиқиро
Дар шикастагии он нопадид хоҳад кард.

Аз ин ҳама чашмандозу лабханд,
Аз пирии пулҳою ҷавонии сояҳо,
Аз ҷаҳонгардону шукуфаҳои гелос,
Аз рангҳое, ки бар ҳастӣ мосидаанд.
Чизе, дар аксҳо нахоҳад монд.

Ин об,
Аз гурдаҳои пул хоҳад гузашт
В-ин ҳамаро дар даҳони дарё фурӯ хоҳад бурд.
Ман чун сояе божгуна,
Аз обу акс берун меравам.

То ин сафар ба анҷом ояд,
Тикка тикка аз ин осмон хоҳам гузашт
Заминро
Тикка тика аз худ гузар хоҳам дод
Ва чун аз сояи ҷониён[21] метарсам,
Тикка тикка аз хиёбонҳо хоҳам гузашт.

Насим дар аксҳо,
Шукуфаҳои гелос дар об,
Ва ҷо пои мо бар мосаҳои кавире нахоҳад монд.

Таърих аз паҳнои бурҷҳою бораҳо,
Замон аз дарвозае диҷҳою боварҳо
Ва об аз гурдаи пулҳо хоҳад гузашт
Ва ҷаҳон
Истода ё воруна
Дар даҳони бастаи марг хоҳад хуфт.

---

21 Ҷониён: ҷинояткорон ва базаҳкорон

Режаи сарболой

> Пешкаш ба равшангари шучоъ Сиёвуши Лашкарӣ

Дар роҳпаймой ба сӯи оянда,
Он ҳамроҳ, поҳояшро канор гузошт
Рӯй гузашта тухм гузошт
       ва бачо монд!

Мо ҳамчунон рафтему меравем...
Дар нимароҳ,
Он рафиқ, сарашро канор гузошт.
Рӯи он нишаст
Дар худ шикаст
       ва дарҷо монд.

Мо ҳамчунон рафтему меравем...
Дар синаи киши кӯҳ
Роҳнамо, чашмонашро канор гузошт
Монанди қалвасанге дар жарфои дара нопадид шуд.
Сипастар
ин қалвасангро дар девори қалъаи девони Бакор заданд!

Мо ҳамчунон рафтему меравем...
Дар хами як сахра
Хунёгар ба тире аз торикӣ дар хун тапид.
Рӯшангар дар навиштаҳояш зуб шуд

Ораш хастаю навмед, камон ба дара партоб кард
Ҷон ба дасту шитобон ба мабдаи бозгашт.
Акнун аз нигаҳбонони қалъаи девон аст!

Мо ҳамчунон пеш рафтему меравем...
Дар камаркиши қулла
Он шоири шӯришӣ
Шеърашро чун ҷумҷумае тиҳӣ ба санг кӯбид.
Бозгашт.
Акнун дар толори қалъа барои деви аъзам ситоишсуруд мехонад.

Мо ҳамчунон рафтему меравем...
Каме монда ба қулла
Пешоҳанг парчамро пора пора дар бод пароканд,
Қула боришро ба тарс кӯбид,
Ва наъразанон худро ба дара афканд.
Баъдҳо номашро дар сӯгсурудҳо хондем.

Мо ҳамчунон меравем...
Ва медонем,
Оянда қуллаест, ки бояд ҳамеша ба сӯяш рафт
Аммо ҳаргиз наметавон фатҳаш кард.
Мо ҳамчунон меравем...
Гом ба гом ва насл ба насл ва сада ба сада.
Ба домана, ки менигарем, мебинем
Чӣ қадр аз гузашта дур шудаем,
Чӣ қадр ба оянда наздиктар...

Дар гузаргоҳ
Паёмбарон, як ба як ғуруб карданд
Танҳо меҳр бар нимчеҳраи ҷаҳон метобид.

Акнун:
Поҳои нерӯмандтар
Чашмони бинотар
Андешаи равшантар
Камоне кашидатар
Суруде расотар
Шеъре расидатар
Ва парчаме баландтар дорем.

Ва қалъаи девон
Дар фарсоише пайваста
Нимавайронае шуда
Ки аз ин боло
Ба сахтӣ ба дида меояд!

Гоҳе

Гоҳе ҳамоғӯшӣ зебост,
Гоҳе сурудан аз ҳамомезӣ зеботар!

Гоҳе гиёҳ гӯёст,
Гоҳе наққошӣ аз гиёҳ, гӯётар...

Бо он ки Хуршед зебост,
Гоҳе соя зеботар!

Бо он ки фиребо ҳастӣ,
Гоҳе дар сурудаҳоям фиреботарӣ!

Ва яъне,
Гоҳе ҳақиқат зебост
Гоҳе маҷоз, зеботар!

18 апрели 2007 Грофинзил

Ал-Охира, халоу-д-дунё!

Ин мардуми ғуборгирифта чӣ мегӯянд?
Ин ҷо, бо боварҳои коҳгилӣ, дар бурҷҳои билод,
аз Бурҷу-л-араб то Милод,
Лобалои дуздҳо, муъамимҳо ва мақбараҳо
Дар паи чистанд?
Ба ман бигӯ инҳо кистанд?

Ин халифа, бо ҳазору чаҳорсад чурук бар пешонӣ,
Бо ин ҳама чиркобаю ҳадису ҳодиса дар сар,
Дар Ховари Миёна чӣ мехоҳад?
Аз Ховари Миёна чӣ мехоҳад?

Ин ғуддаи саратонӣ
Бо ном мустаори: «Ёва, ёва, ёва халоиқ»,
Бо ин сарони сиёсии бесар
Бо панҷаи хунини марҷаъу муфтӣ,
Бо нешханде дар реш ва неши заҳре дар кеш
Бо ин лабхандҳои тақияе ва «оёти қитол»
Миёни Даҷлаю Фурот ба думболи чист?
Ба ман мегӯӣ ӯ кист?

Сиёҳҷомагони Шому Ироқ,
Сабзпӯшони Карбалою Наҷаф
Хунинҷомагони Димишқу Санъо
Бо гилаҳои муъаммам, мукалло[22], ҷиҳодӣ,

---

22 Мукалло - кулох

Бо калимоти каж-маж
Дар Қуму дар Ҳиҷоз чӣ мегӯянд?
Ба ман бигӯ чӣ мегӯянд?

Ин уммати капакзада
Ин зоирони гирён,
Ва муъминоне, ки аз китобе фартут берун рехтаанд
Ин туфолаҳои илоҳӣ, дар Бинғозиву Сайдо
Чаро мемӯянд?

Ин ҷониёни маҷнун дар Бағдоду Қундуз
Ин толибони биҳишти хунин дар Кветта[23],
Дар Қандаҳору Поманор,
Ин ҳазораҳои беҳазора,
Ин тозиёнахӯрҳои ҳирфай
Ва шаллоқзанони ҳирфаитар
Дар ин садаи бистуякум
Дар Шонзализа ва Омстердам чӣ меҷӯянд?
Дар Лондону Миндан ба думболи чистанд?
Ба думболи кистанд?

Эй кош, будам, аммо
Бовар кунед, ман аз насли маймун нестам!
Аз насли инсонам!
Аз насли гиҷсарон дар вилоёту оворагон дар оёт.

Аз қабилаи «иннамо алмуъминуна ихватун» ҳастам
Ва ҳамчунон, ки хок бар сари худ мепошам,
Ва шиёр бар чеҳра меандозам,
Чапу рост сар мебурам ва
Зорикунон дар ин ҷаҳони пур аз гург ва фирқаву трибун
Дар ҳуҷуми соталойтҳо, бумбафканҳо,
Мушакҳо ва иҷлосҳои ҷаҳонӣ,

---

23 Кветта: номи шаҳр, маркази вилояти Балучистони Покистон

Каф дар даҳону сарҳои бурида дар хӯрҷин
Миён сиғаҳои ҷиҳодиям,
Рақси шутурӣ мекунам.

Аз ман напурс:
Инсони садри ислом
Дар зайли ислом чӣ меҷӯяд?
Чӣ мебӯяд?!

«Ад-дунё мазраъати-л-охира» !
Зироъати ман одамкушӣ,
Коштам сарҳои бурида,
Обёриям хун,
Бардоштам нафрату ҷанг.

**

Лутфан ба худ нагиред ҳар ончиро, ки мегӯям!
Шумо оқил, ман девона!
Шумо муъмин, ман кофар
Шумо талои пок, ман хасу хошок,
Аслан шумо сакулори демукрот,
Ман лоту пот!
Аммо ба ман бигӯед
Дар «Ад-дунё мазраъати-л-охира»
Дар толобхои хуну
Суномии ҷунуну
Гилаҳои Маҷнун
чӣ меҷӯед?

**

Шуморо намедонам, аммо ман
Дар ин корзору

Чаповули пойдору
Куштори аливор

Ҷӯи Кавсару
Ҳамҷаворӣ бо аимма
Ҳафтоду ду хури биҳиштиямро меҷӯям!

01.06.2015

Дар тобиши танонагӣ

Онон
Чун меандешанд, намемиранд,
Чун меофаринанд, бемарганд.

Аммо хаёлбандон
Хаёл мекунанд
Пас аз марг,
Дар нимаи пинҳони ҳастии ҷовидона мезиянд.

Ту медонӣ аммо:
Онгоҳ, дигар нестӣ,
Ва ҷовидонагӣ барои ҳастӣ мемонад.

Пас,
Тору пуди пиндор бар пайкаратро пора мекунӣ
Аз тобути хушбоварӣ берун меой
Ва аз лисаи офтоб бар пӯстат хушнуд мешавӣ.

Ёдат меояд азизам?
Рӯзгоре ба бофаи хаёл мепаноҳидем,
Акнун рӯъёҳо дар мо паноҳидаанд
Ва ман, ки ҷавониямро
Ҳамчун хумрае саршор аз мусиқӣ,
Дар ҷӯйбори торик рехтам
Худ низ торик шудам

Бе он, ки кавири Кидир[24] равшан шавад.

Акнун дар тобиши танонгӣ
Рӯи шӯри шинҳои шуур
Ба сӯям бағалат,
Дар рӯёҳои миро - аммо пӯё
Маро дар пичпичаҳоият бипеч.

Аз он пештар ки
Мадҳушони номирой
Ҳушамонро бимиронанд!

---

24 Кидир ба маънои тира ва ношаффоф; кавири Кидир – биёбони тирагун

Канори рӯд

Лаванд, бепарво, канори рӯд.
Замон, равон фарорӯяш.
Нимтанаи сабзро бар замин афканда,
Рангҳои пироҳанро
Бар қалвасангҳо раҳонда.

Ҷӯробҳои соқнамояш бар кундае,
Кафшҳояш бар сангрезаҳо,
Зерпӯшаш бар ресмони насим,
Гесувони зарринаш бар шонаҳои соф.
Лаванду бараҳна,
Поҳояшро дар рӯди равонда,
Зери лаб овоз мехонад.

Медонад пушти танаи фасл, пинҳонӣ мепоямаш!
Медонад ман низ бахше аз ҷомаҳоямро кандаам!
Медонад, ки то дақоиқе дигар...

Вонамуд мекунад, ки намедонад!
Вонамуд мекунам, ки намебинам!

Вопасин танпӯшашро ҳам дар меоварад,
Ба сӯе, ки истодаам бармегардад
Дастҳоро мекушояд
Ва ман каме тарсида, каме рангпарида

Бо бурдбории сохтагӣ
Ба оғӯшаш мелағзам,
Ба оғӯши пойиз!

Маҳбуби ман

Меомад орому ром,
Рӯи ронҳоям менишаст.
Ба нармӣ, рӯи танам мелағзид!
Баҳормаст буду
Чунон ҳамеша сапедпӯш.

Ҷавон буд ва
Чун илоҳаҳои маобиди ҳиндӣ хушпайкар.
Мегуфт: «Бибӯсам, бибӯям;
Аммо нарму сабук!»
Бо он ки нармхӯ буду нармрӯ,
Сифтию дуруштии моҳичаҳоямро дӯст медошт!
Мегузоштам бо нафсҳоям;
Фароз шавад, фуруд ояд,
Бихуспад бар синаи бараҳнаам.

Бозигӯш буд маҳбуби ман.
Рӯи алафзор;
Зери офтоби баҳорӣ,
Пайкари бараҳнаам ба тамомӣ
                          бозигоҳаш буд.

Оҳ... чӣ ҳассос буд, чӣ зудранҷ.
Чӣ сабукбол, чӣ лағзон.

Меомад, рӯи моҳичаҳоям;
Рӯи ҳисҳоям;
Ва рӯи шеърҳоям бола мерақсид.

Дергохест маро вониҳода,
Ва ба ҷое ношинос рафтааст
                        махбуби ман,
Гули қосид!

Зумбо

Зумбо мерақсам
Чобуку нерӯманд.
Дар миёни занони олмонӣ зумбо мерақсам.
Зебой ба ҷунбиш даромада, хис шуда
Болу пар ба нутҳои тунди зумбо гираҳ зада,
Дар оинаҳои бузурги толор меҷархад.

Ин паранда, ки дар миёни мо ба ҳар сӯй мепарад
Номаш Котёст.
Ин зебобону, ки чун мавҷи рӯшной
Дар канорам хаму рост мешавад
Номаш Вероникост
Бо нигоҳе мехрубону лабханди дурахшон
Ишора мекунад чобуктар бошам.

Хисе пироҳанҳоро шаффоф карда,
Чакаҳои арақ донаҳои алмосу нуранд
Бар гарданҳою синаҳо.

Зумбо мерақсам
Ва намедонам чаро паёмбарон
Ҳаргиз аз рақс сухан нагуфтаанд.

Кӯсамоҳии рахшон

Кӯсамоҳии рахшон
Бо чархиши шаҳватноки пайкараш
Тавофам мекунад?!

Гоҳе шеърҳоямро қоп мезанад
Гоҳ ҳавосамро
Гоҳе диламро.
Онгоҳ худамро дар даҳон мегирад
То аз кӯсаҳои дигар дар амон бимонам!

Ин кӯсамоҳии лаванд
Дар ин рахтхоби қирмиз!

Як пар

Мепурсед:
Оё ин пар, бар анбӯҳаи сангҳо,
Нишонаи парандаест гумшуда дар фалсафа?
Ё нишонае ишқбозии доғи ду паранда
Ки пар-пар задаанд дар як шеър
Ё пар-пар шудаанд дар як шоир?

Мепурсед:
Ин сангҳо нигаҳбонони ин пари ҷо мондаанд?
Ё онро ба бод хоҳанд дод?

**

Ҳатто агар ин пар дар ин толор
Подшоҳи сангҳо бошад,
Ё сангҳои доно,
Китобе бошанд, ки паре аз муъҷиза
                бар он фуруд омада,
Ё бипиндорем:
Ин Худост бар анбӯҳаки каррот
Ки таку танҳо фитода!
Ё ишқ, дар сангдилӣ пажмурда?!
Чизе рӯшан намешавад!

**

Танҳо замоне манзарае пешорӯйро
Дарк тавонед кард, ки бидонед:

Ин пар,
Маҳбуби ягонаи ман аст
Ки ғамгинона
Бар ояҳои дарҳамрехтаам орамида!

Лимӯе дар миёни алафҳо

Тобонтар аз лимӯе дар миёни алафхо,
Рӯшантар аз себе ғалтон бар об,
Донотар аз парандаи хуфта бар тухмхояш,
Гиротар аз оҳанге дар соқаҳои биринҷ,
Нармтар аз хаёле дар бистар аст,
Он ки дӯсташ медорам.

Навозиши лимӯ
Ишқбозии дандонҳо бо себ,
Рубоиши гармо аз ошёна,
Нӯшидани вудкои биринҷ,
Хазидан дар пичаи хаёл.

Чӣ ҷилваҳое дорад
            Он ки дӯстам медорад!

Қайчӣ

Қайчӣ аз ин акс, ки мегузарад
                 дунима мешавем.
Бадгумонӣ ишқро дунима мекунад.

Ҳар бор, ки дунимаи пайкарамонро
                 ба ҳам мечасбонем,
Ҷои буридагию ҷӯшхӯрдагӣ
                 бар он мемонад.
Оштӣ захми қаҳрро комил намезудояд.

Донаҳои борон дар даҳон

Гоҳе аз ту ба Худо паноҳ мебарам
Чун гунҷишке, ки аз яхбандон,
                  ба гармгоҳ.
Гоҳе аз Худо ба ту паноҳ меоварам,
Чун асире гурехта
              аз имон ба озодӣ.

Дар ту дилам гарм,
Танам нарм мешавад.
Бо ту ба Худо меравам
Бо Худо бозмегардам
Бе он ки бол бигушоям ё бибандам.

Суруши сабзпӯш,
Баландгесӯ, нармхӯ,
Дар хирадам об, ки мешавад.
Дармеёбам:
Арҷмандии гетӣ, дар худи гетӣ
Аз худи гетист.

Доғе дар бӯсаи ту,
Бӯсаи ман бар доғҳоят.
Гармро Худо ба хуршед набахшида,
Хуршед худ гавҳари рӯшноист.

Донаҳои борон дар даҳонат,
Даҳонат дар донаи борон.
Хисиро касе дар донаи борон наниҳода,
Хисӣ, ҳамоно гавҳари борон аст.

Пӯстатро бар ман битобон.
Андоматро дар нармои ман бигунҷон.
Рӯшноӣ гавҳари туст
Нармӣ сиришти ман.

Чандест паёмбари хештанам.
Пичпичаҳоямро то буни гӯшҳоят мебарам.
Паёмовари хештанам,
Ояҳоятро ба даруни шеърҳоям меоварам.

Суруш дар гулӯгоҳи булбул
Хуршед дар гули сурх,
Номи ту бар забони ман
Ва забони ман бар забони ту.

Ишқро касе бар мо нозил накарда,
Ишқ гавҳари одамист.
Ва арҷмандӣ, ҳастонагӣ, дар худи ҳастӣ.

Ду сӯи ҳастӣ

Фаросӯи донаи барф - чакаи об,
Фаросӯи байти ангур - қасидаи ток,
Фаросӯи бӯсаи ту - ҳамоғӯшӣ.

**

Моварои шеър - шоир,
Варои шоир - шеър,
Моварои санги мармар:
     мучассамае шигифтовар,
Варои хобҷома - доғею диҳишмандӣ.

**

Пешосӯи ҷон - пайкар,
Пасосӯи лабханд - ҳамҷонӣ,
Ин сӯи оина - воқеият,
Он сӯи оина - ҳақиқат.

**

Ва ман рӯя аз санг баргирифтам, нарморо ёфтам,
Ғишои нурро аз вожагонам канор задам
     Пурсишҳои торикро ёфтам,
Пӯст аз вожаи худо бардоштам - мӯмини теғ ба дасте

дидам,
Ба фаросӯи ҳастӣ рафтам пешосӯи он буд!
Ва он рахшон рухи лаванду ҷавон
Ҳангоме дар оғӯшам, равонае мусиқӣ шуд
Ки пардае чиночуруку ғуборолудро
Аз пайкару пешонии куҳанбону бардоштам!
Ту ҳам пардаи замонро аз рӯи пайкарам бардор!

**

Акнун ба ман бигӯ
Фаросӯи ин суруда чӣ меёбӣ?
Моварои овози канорӣ чӣ чиз ниҳонаст?
Пасосӯи пичпичаҳоям, чӣ мешунавӣ?
Пушти пилкҳои парешонам;
Чӣ оҳанге навохта мешавад?!
Агар гуфтӣ фаросӯи ин суруда кист?
Туӣ ё ман?!

Порае аз поиз

Порае аз поиз бар шохаи санавбар,
Порае аз фалсафа бар коғази файласуф,
Ҷуръае аз ирфон дар раги ток,
Бӯсае аз таномезӣ, дар нофчолаи дилбар.

Агар мехоҳӣ манзараро ба тамомӣ бибинӣ,
дида барбанд!

**

Бараше аз рӯъё зери пилки кӯдак,
Сурае аз замин, бар китоби пешонӣ,
Ҷумлае аз ҳастӣ, дар ханҷараи симурғ,
Вожае аз донои, зери боли Каҳкашон.

Агар мехоҳӣ китобро ба тамомӣ бихонӣ,
Онро бибанд!

**

Тиккае аз Худо бар сарнайзаи зоҳид!
Хӯшае аз ҷон бар дашнаи имон,
Паррае аз дониш, ниҳон дар хокистар,
Порае аз таърих, лаҳида зери замон.

Агар намехоҳӣ манзараро ба тамомӣ бибинӣ
дида бигушо!

Дуздони тӯфон!

Онон дар пастуҳои баста,
«Муборизони бузурги роҳи озодӣ» буданд!
Панҷараҳоро мебастанд,
Пардаҳоро мекашиданд
Ва аз «ҷинояти бузург»
Дар гӯшӣ виз-виз мекарданд.

Аммо дар гузаргоҳҳо,
Даҳони баста ва чашмони тарсхӯрда доштанд.
Дар баробари газмаҳо, дуло мешуданд.
Барои «ҷинояти бузург», хабарчинӣ мекарданд,
Дар зиёратгоҳҳо шамъ меафрӯхтанд,
Ва бо ҳар коре, ки мекарданд
Сиккаҳои худро мешумурданд!

Онон аз душманони ҷинояти бузург;
Безорӣ меҷустанд;
Аз муборизон, рӯй бар метофтанд
Ва равшангаронро хатарнок мешумурданд!

З-он, ки ҳамидақомат буданд;
Аз росткоматон ба зиштӣ сухан мегуфтанд.
З-он, ки фурсатталаб буданд,
Бебоконро тундрав меномиданд.
Чун буздил буданд

Шуҷоъонро хашин мешумурданд.

Ғарқ дар шаҳвати баҳсҳои сиёсӣ;
Чун доноёни кулл хутба мехонданд.

Онон аммо
Ба ҳангоми набард бо «ҷинояти бузург»
Ё мариз буданд, ё гирифтор!
Пинҳон дар торикӣ,
Чашм ба роҳи натиҷаи набард мемонданд;
То ба пирӯзмандон бипайванданд!

Дар поёни набард
Ба хиёбонҳо боз мегаштанд,
Аз нақши бузурги хеш дар фуˈтӯҳот,
                        доди сухан медоданд.
Наволае мегирифтанд,
Ва шаллоқи пирӯзмандонро дар ҳаво мечархонданд.

Дар такрори тӯфон;
Онон дубора дар пастуҳои баста,
Ба пичпич;
Аз «ҷинояти бузурги тоза» сухан мегуфтанд!
Ва ҳамчунон, ки кисае тоза
Барои сиккаҳои тоза медӯхтанд;
Дар торикӣ камин мекарданд
То аз рафту бозгашти соиқа дар амон бимонанд.

Онон чӣ касоне буданд?
Онон киёнанд?!

Меодгоҳ

Дигарам на ашке, то бадрақаи куштагон кунам,
На оҳе барои зиндониён,
На пироҳане сиёҳ барои мурдагон
На дашноме барои хукмронон.

Дигар на лабханде барои сиёҳчашмон,
На навозише барои зебогесувон,
На шеъре барои хаёлпарастон,
Ҳатто на гулӯе барои озодӣ.

Нағмаи парандагон, болҳоямро сангинтар мекунад.
Парраҳои насим аз заминам бармеканад,
Яке ду карашмаи ногаҳонӣ, гоҳонамро пар-пар мекунад.

Дигарам на синае, то касе бар он бимавчад,
На фалсафае, ки парвонае дар он бишкуфад,
На таронае, ки аз гулӯи бод бигзарад,
Ҳатто на ва асфиёе барои саркӯб шудагон.

Инҷо, ки истодаам
        ва рӯи манзараи Каҳкашон кажу маж мешавам.
На бомгоҳӣ, на шомгоҳӣ.
Инҷо меодгоҳи туву ман аст.
Ҳамин ҷо, ки абадиятро ҳам пир кардааст.

Дигарам на бидояте, ки биёғозам
На ниҳояте, ки бифарҷомам
Танҳо
Ман мондаам бо парандае ларзон дар сина,
Дар ин меодгоҳи азалӣ.
Фаропеш агар ой,
Мусиқии ҳастиро
Дар андоми мода ба рақс хоҳӣ ёфт.

Дергоҳест

Дергоҳест,
Кабӯтарон бо бӯтае зайтунӣ,
Хонаамро хушбӯ накардаанд.

Бараше аз моҳ рӯдро сапед менамояд,
Дергоҳест аммо,
Чашмони ман пушти пилкҳои торик мондаанд.

Покетҳо меоянд ва
               номае дар онҳо нест
Номаҳо меоянд ва
               навиштае дар онҳо нест.
Вожаҳо меоянду
               маъное дар онҳо нест
Рӯзномаҳо сапеданд.
Барфҳоро барг мезанам ва
               шеъре дар онҳо нест.
Дар кӯча
Овои гомҳо бар сангфарш мепечад
               аммо раҳгузаре нест.

Танпӯшҳои ман
Холӣ ба хиёбон мераванду холӣ бармегарданд.
Дергоҳест бепажвоки овоҳоям
Рӯ ба дарё пир мешавам.

Маро тундбодҳои набаҳангом мачола карданд
Ҳамин тӯфонҳо
Ки вайрон мевазанд ва
Тардии маъноҳоямро мехушконанд.
Дергоҳест барге аз офтоб
Дар ҳаво намечархад ва
      ман бар рӯде ором фурӯ намеафтам
Парандагон намехонанд ва
      гулӯямро наменависанд.
Дергоҳест
То гетии ман дигаргуна ояд шиоре надодаам!
Ҳангом аст, ки бонг бардорам, зинда бод ишқ!
Ки даҳони мурдагонро аз номи ман тиҳӣ мекунад!

Майхорагӣ

Вудко бирез Монӣ!
Имшаб дар осмони Ҳордел[25]
Ситораҳо ба самоъанд.
Гулӯи паранда рӯи ҷаҳон боз мешавад,
Мо ҳеҷ гоҳ
Аз ин паранда, ки дар шохае ҳаво ҷорист,
                овозе чунин хуш нахоста будем!
Ва ин китобу ин боғчаро
         пар аз Каҳкашон наёфта будем.
Шабтоб,
Нуқтаи поёнӣ бар китоби кӯҳнае гузаштааст!
Вудко бирез ҷонам!
Сархуш, ки мешавӣ хонотарӣ,
Мадҳуши ин костониё,[26] ки мешавӣ донотарӣ.
Бирез то ман ҳам доно шавам!
Мо ҳеҷ гоҳ меҳане чунин хуш надоштаем!
Худат ба ман гуфтӣ:
Ватан бояд дар тан бошад.
Равону фараҳманд дар ту дар ман бошад.

Зайтун бидеҳ даҳонам сӯхт!
Инак, панҷараҳо хуфтаанд.
Оҳанги таномезе, инак, бешак

---
25 Маҳаллае дар шаҳри Бохум
26 Дарахти булут, шоҳбулут

Даҳони дилдодагиро пур карда.

Ва шоирони гумшуда
Дар вожаномаҳо,
Луғате лаҳидаро меҷӯянд ба номи Ватан!
Вудко бирез шоир!
Дафтари шеъратро
Зери тобиши Каҳкашони Бохум[27] боз кун.
Ин ҳам ситорае Ноҳид, ки бар пешониат мелағзад.
То ин дарахти ёс
Зери моҳи тановар арақ кунад,
Шеър ин манам, шабнамро бихон!

Ин манам, шабнам!
Роҳам агар ба гавҳари ашё нест,
Ҷое барои ҳастии нобам.
Ман луғате кӯчакам бар забони барг,
Ба номи ҷаҳон,
Чархишгоҳе, ки Каҳкашон,
Худро аз ман боз меафшонд.

Мулҳиди хушрӯе,
Ки бар ман намоз барад
Маро ғишои Худо меномад!
Дили ангуштатро рӯи тани ман бикаш!
То сарангуштат, симои ҷаҳон ояд.

Мулҳиди зеборӯе
Ба сарангуштам мебарад.
Инак агар ба пайкар парешонам,
Ба гавҳар, нам ва тараннуми ҳастиям.

Мулҳид, дубора маро,

---

27 Бохум: номи шаҳрест дар Олмон, ки Монӣ онҷо зиндагӣ мекунад.

Бар забони барг равон кард.
Инак, ин манам,
-Чакидаи ҳастӣ-
Шабнам!
Ояе кӯчак дар даҳони барг,
Ҷаҳоне равон
        бар сарангушти мулҳидон!

Даст марезод!
Пеш аз он, ки аз ин пиртар шавем,
Вудко бирез!
Ба ҷавонии ҷомондаам гуфтам:
Омаданат чӣ буд девона,
Ин гуна зуд, ки бояд мерафтӣ?!

Барои худат ҳам бирез!
Тарошаҳои ғурур ва
Ғубори зебоиятро ҳам
Аз рӯи чаман пок кун!
Ҳар гоҳ шеър менависӣ,
Номи фариштагонеро ҳам, ки туро бо таншон шустанд,
Дар шеърҳоят бигзор!
Замонро раҳо кун, ки бичархад!

Шунидӣ?!
Паранда булӯри боғро равшантар кард,
Сипанҷ рӯзе дигар мекӯчад,
Ва шеъри қирмиз мулҳидони шамолро
Ба боғчаю китоби аҳли ҷануб мерезад!
Ба ин варуҷак гуфтам, велгард
Ошёни сохтанат чӣ буд,
Ин гуна кӯчанда, ки туӣ?!
Бирез, Монии нозукдилам!
Як рӯз ҳам ба ту хоҳам гуфт:

Ҳампиёлагият бо ман чи буд, мулҳид!
Чунин, ки нобудам мехостӣ?!
Андӯҳгин нашав!
Саранҷом, ҳар чизе ба гавҳари худ бармегардад,
Ба хок!
Дӯстии мо ҳам!

Инно ли-л-арзи ва инно илайҳи роҷиун!
Моҳ дорад мехонад,
Хонаҳову меҳан нопадид мешаванд.
Дарахти ёсу костониё хастаанд.
Ва шабнам аз Каҳкашони шабона тиҳӣ мешавад.
Ҳар гоҳ шабнами ту натобад,
Сояҳо ҳам мемиранд.
Акнун, ки Каҳкашону вудко поён ёфтанд,
Китоби шеъратро бибанд,
Ва дар он ғуруб кун!
Чун фурӯ шуд сояат, ки манам!

Дар канораи Ройн

Як шаб канори Ройн
Шеъре нигоштам бар коғазе
Ки дастнавишти шоирон бар он равон набуд.

(Шеъре нозук-норинҷӣ,
Бар коғазе табдор
Аз он гуна, ки медонӣ, намедонӣ!)

Чун пӯшише набуд,
Насимро рӯи худ кашидем.
Чун бистаре набуд
Чаманҳоро зери худ густардем
Чун оҳанге барои шунидан надоштем
Овои мавҷобҳоро ниюшидем.
Киштиҳои рӯдгузар,
Пасопушти худ
Тоқаи ҷони моро - сапеду кафолуд
Бар об мекушуданд.

Пас аз ҳамоғӯшӣ,
То ҷомаҳои парокандаро бар тани ҳам бипӯшонем,
Насим сурудаи моро аз коғаз бардошт
Бар обҳо гузошт!
Бояд андӯҳгин мешудем?!
Ҳаргиз!

Бар ӯ нигоҳ кун, ки:
Моҳиён чӣ сархушона
Номҳои моро бар пулакҳошон мебаранд.
Ва гиёҳоне, ки аз таб бар об мехаманд,
Чӣ гулбаргҳои сурху сапеде доранд.
(Сурхиаш аз ман, сафедиаш аз ӯ.)

Рейн шеъри моро чака ба чака
Бар боли парандагон мечасбонад,
Гармои моро чун шол бар шонаи дарахтонаш мепечонад,
Бӯсаҳои моро дар даҳони дониш мечархонад,
Пичпичаҳои моро бар хурдахезобҳояш мехезонад.
Ва рӯшноии моро
Чун буродаи моҳ
Бар гурдаи хезобҳояш метобонад.

Ту ҳам андӯҳгин мабош!
Шеъри баъдиро
Бо дастҳои ту бар коғази нуронӣ хоҳам нигошт!

18 апрел 2007 - Грофинзал

Донаи гандум

Донаи гандум будам,
Фаромӯш шуда дар хирмангоҳ,
Фарвардини намнок навозишам кард,
Чандон
То баромадам дар баландои хӯшае.

Хӯшае будам,
Фаромӯш шуда бар киштзор,
Сол боло кушуд дар ман,
Чандон
То гандумзоре шудам.

Акнун гандумзорам,
Фаромӯш шуда дар сартосари замин,
Ки замон дар ман мегустарад.
Гандумзоре ба густарае инсон
Ки хоки фаромӯшкардагонамро ба реша мекашам
То ҳастии саросар
Бӯи хуну фаромӯшиву намак на,
Ки бӯи нону меҳр бигирад!

Чун таъми қаҳва

Чун мазаи қаҳва
Дар бомдоди ман мегустарад.
Чун хушгувории вудко
Дар шабонгоҳаш мегустарам.

Акнун:
Агар дукма бошам, боз мешавам,
Агар муаммо бошад, кушуда мешавад
Агар Каҳкашон бошам, боз мешавам,
Агар тарона бошад, оғоз мешавад!

Пилкҳои ларзонашро
Бо шеърҳоям мепӯшонам.
Пилкҳои ларзонамро
Бо бӯса мехобанд.
Сипастар
Чун талхии қаҳва
Даҳонамро ҳушёр мекунад
Чун бедории вудко
Дар рагҳояш медавам!

18 апрели 2007 - Грофинзал

Хоксупорӣ

На дар вожагони мӯён,
Ӯро дар рӯъёе хок кунед,
Ки барои он мурд!
Ҳамон гуна, ки зебоитонро
Дар оина менихонед!

**

На дар кавир ва на дар бодҳои сӯзон,
Гиёҳро дар чашмае бихобонед,
Ки дар орзуи он хушкид.
Ҳамон гуна, ки нутфаи хешро
Дар камаргоҳи оянда менишонед!

**

На дар пардаи ашк ва
На дар пичаи пичпичаҳо,
Ӯро дар оғӯше фурӯ ниҳед
К-аз ӯ дареғ шуд!
Чунонки ҳақиқатро
Дар синатон менихонед!

**

Ва маро низ, на дар сарзамине дур
На дар китобҳои фаромӯшшудаам,
Дар сарзамине фурӯ ниҳед,
Ки барои он зистам.
Ҳамон гуна, ки ганҷатонро
Ба вайронаҳо месупоред!

Ва агар касе ёфта омад,
Ки дар марги зебой шодӣ кунад,
Ӯро дар безорӣ на
Дар оташ ҳам на,
Дар номи талхи хешаш хок кунед!
Ҳам бад-он сон, ки зиштиро
Дар чеҳраи Аҳриман менишонед!

Поизӣ

Мегӯӣ:
- Ин баргҳои рехта
Вожагони поизанд,
Зери гомҳои баланди бод,
Ки пароканда мешаванд,
Дарахтонро дигар сухане нест!

Мегӯям:
- Хушо дӯст доштан,
Ки дарахти бехазони ҷаҳон аст!

Мегӯӣ:
- Ин донаҳои борон
Абёти андӯҳгинонаи абранд,
Бар бараҳнагии поиз,
Ки фурӯ меғалтанд,
Абрро дигар сухане нест!

Мегӯям:
- Хушо дӯст доштан
Ки абри боронбори ҳамаи замонҳост!

Ба баргҳои рехта мегузарам,
Ончиро, ки намегӯӣ, мешунавам!
Ончиро, ки ниҳон медорам, меёбӣ,

Сухан агар, ки зебо буд,
Хомӯшӣ низ сухане мегуфт!

Мегӯӣ:
- Пойиз, марги баргҳост!
Мегӯям:
- Марги дарахтҳо аммо, ки нест
Дар поёнае замон истода манам
Дар оғозаи он, ту
Ба сӯи ҳам бармегардем
То доираи замонро
Бо бӯсае бибандем!

Субҳонаи дунафарӣ

Чамадонҳо омодаанд,
Билету шабнаму кафшҳо ҳам.
Ҳар сафареро бозгаштест,
Магар сафари сарнавишт.

Сафар
Канори мизи ношто нишаста,
Бо андӯҳаш.

Бомдодро ҳамчун вожае нуқрай
Бар миз чидай.

Нимрӯ дар бушқоб.
Финҷонҳо, хамӯшии шеър, чалуи ююмо.
Мӯрчаи вожаҳо аз фикр ба коғаз медаванд.
Шукуфтани андешаҳояш бар лабҳоят,
Хазидани ангуштонат лои вожаҳояш
Китобе, ки пилк мезанад бар чашмонат,
Ёди шаби вопасин
Ки танро ҳанӯз гарм медорад.
Афшураи анор, шеърро дар даҳонат мерезад.
Ҳастонааш нохунҳоятро унобӣ карда,
Рафтанаш дилатро ромишгар.
Овои фарокихоне рагҳоят мегӯянд
Сиришти ӯ, сарнавишти ӯ шудай.

Сафар канори панҷара меравад,
Осмон барги нозуке аз нуқраи намнок,
Ҳаво лояе яхзада бар шохи гавазнҳо.
Замон хобе мосида бар калисои мурда,
Парҳои барф бар полм[28],
Дубайтиҳои кӯчаки сиёҳ,
Бар коҷҳои нӯк ба ҳам месоянд.

Ин рӯди зимистонӣ, чиноби нуқра ва
Хезоби хотираро ба куҷо мебарад?

Зарроти пароканда ба ҳам мепайванданд,
Сафарро ду бор шакл медиҳанд,
То бовар кунад рафтанист!

Ҳанӯз хобҷома рӯъёяшро дар оғӯш дорад.
Хобҷомаҳо бовар намекунанд, ки
Ҳар сафареро бозгаштест,
Магар сафари сарнавишт!

Ююмо наменавозад дигар,
Осмон чака чака рӯи гавазнҳо меафтад,
Ва раҳгузаре, ки аҳли сафар нест
Дар худ ба сафари поён меравад.
Дубайтиҳо паридаанд ва
Сапедоҳанги барфро дар дара пароканддаанд.

Яке бояд бигӯяд:
Сиришти ман шудай
Сарнавишти ман шудай.

Ҷилӯ гирам агар нашавад,

---

28 Полм, яъне дарахти палма аст.

Хаёлро аз пироҳанат
Берун меоварам чун шеъре бобо
Ва дар даҳони шоирони бехудо мегузорам.

Худо полтуашро ҳам мепӯшад,
Калидро бармедорад то гузаштаро пушти сар қуфл кунад.
Сафар ҳамранги дорчин, ҳамбӯи қаҳва, ҳамроҳи шабнам аст.
Кафшҳову калид
Сафарро ба роҳрав мебаранд.

Сарнавишт шабнам ба шабнам,
Бар гунаи Нимрӯз месуруд.

Хуб, ки борик шавӣ ба замон
Дубайтиро мебинӣ, ки кушуда мешаванд аз ҳам
Ҳар байт бар шохи яке гавазн,
Ки сарнавиштро
Яке ба Ховар, яке ба Бохтар мебарад.

Вожа

Дар оғоз калима буд,
Он гоҳ ҷумла шуд,
Сипас шеъре баланд,
Ва дар поён
              ҳастӣ.

Дар оғоз Худо буд,
Онгоҳ шеъре баланд шуд,
Сипас ҷумла
Ва дар поён як вожа.

Ин вожа
Дар худнависӣ пинҳон аст,
Ки касе бо он наменависад.

Комгирӣ дар шаби тобистон

Хам мешавад,
Нармиҳояшро бар чеҳраам мехобонад, бар танам,
Ин шукуфо дар ин гетии сиёҳ
                чӣ нарм асту чӣ оромишгар.
Даҳон агар бикшоям,
Себҳои сифту тардашро
Ҳамчун ду ситораи шириранг ба даҳон тавонам гирифт.
Даст агар бикшоям
            пайкари хуштарошашро тавонам пасоид[29].
Мехамад, рост мешавад
Меояд, меравад ин меҳрубон бар пайкарам.
Коғази дилам зери замзамаҳояш
Чашмонам оғӯши зебоиҳояш,
Кашу қавс меравам зери шодобияш.

Ҳузурамро ба тамомӣ, ки мебарад,
Аз зебоиҳояш
Ба даҳон мегирам меваи намнокро,
Ҳамчун чамани зери танаш боз мешавам.

Агар Одам бошам,
Ҳастияшро пешкашам мекунад ин Ҳавво.

---

[29] Пасоид - ламс кард

Чӣ диҳишманд, чӣ навозишгар аст,
        Ин дарахти себ!

20 августи 2010 - Грофинзал

Дар Ховари Миёна

Дар Ховари Миёна
Асиди моҳ,
Сурудаҳои шуморо сӯрох мекунад.
Ситораҳои мурда, бар зеҳн таланбор мешаванд.
Хайма дар шинзор менихед
Ва дилбарам – заминро фурӯ мебалъид!

Дар Ховари Миёна, ки будам
Пистони осмон
Даҳони кӯчаки шеърамро меанбошт
Зери сояи мурдагон ғурубро мебастаму
Моҳро ташти лаҷан мекардам!

Хамӯширо рӯи вожаҳо мемолидам.
Маргҷома бар рӯъёхоям мекашидам
Дилбарам – заминро – ба сӯи торикӣ хул медодам[30].

Дар Ховари Миёна
Лабу пилк фурӯ мебастам
То паёмбарон маро бинависанд!

Ҳанӯз ҳам осмон чика чика
Сурудҳое Ховари Миёнаро сӯрох мекунад!

---

30 Хул медодам – мерондам; хул додан –рондан, бо зӯр ба сӯи хоссе бурдан.

Ситора дар шин[31]

Ситорае фурӯ шуда дар шинҳо
    ва ту дигар наметобӣ!
Ситорае фурӯ шуда дар шинҳо
Ва ин хурдсоли гумшударо
Сарманзиле падид намеояд.

Ковуш тиҳист,
Зеҳни мурдагони лонаи бодҳост.
Сарангуштонам колбади замонаро
Дар ҷустуҷӯят ғирбол кардаанд.

Чашм ба роҳе,
Дар чаҳорсӯе густарда,
Болҳои Масеҳро
Тире чанд ба чалипо пайвастааст.
Наметавонам
На наметавонам пар бигушоям,
Ин тирҳо,
Дар болҳо шикоф меандозанд!
Рӯзе вожае ёфтам, ки метобид,
Ба чиданаш чу панҷа кушудам хомӯш шуд.
Монанди ту
Эй ситораи фурӯ шуда дар шинҳо!

---

31 Шин – рег, шинзор – регзор, регистон

Бар соҳили Бундой

Чун парчаме маро ба авҷ баровард,
Чун парчами насиме.
З-он пас фурудам овард
Бар об густарондам
Чун мавҷ – пардаӣ.

Мерафту мекашид маро аз пай,
Чун пуствори об ба соҳил.

Муште шин аз миёнаи ангуштонаш
Равон шуд ва
Бар карона фурӯ рехтем!

Маҳвор метанидам дар ӯ
Чун ҳиси беҳамонанде дар ҷумлае.

**

Дарё каломи маввоҷе буд
Дар китоби нозуку нарми шаб
Ки барг мехӯрд.
Ва моҳи хиси дарёканори ман,
Маро ба оби моҳзада афканд.
Оҳ,
Дарёканори Бундой!

Агар замон маро саросар соид,
Ин розро ту шин кун ва
Дар шинҳоят ҷовидона кун!

**

Ҷонони ман ба ҷомаи тундобе равон,
Ва ман моҳ зада
Ҷомаи хисе бар ҷонаш часбон!
Рабудаи зебоии ӯ будам:
Гунҷишки ташнае дар баробари шабнаме
Охуе дар баробари хоҳиши чашмае.

**

Он гоҳ
Ҷони маро, ки чурукида буд
Соф кард,
Чун парчаме дар гузори насимеву
Чун мавҷ – пардае бар ойинаи дарё!

Ҳақиқати ишқ

Решаҳои шиновари нур
Дар равони ларзони об.

Гоҳе ҷонам аз ту дурахшон мемавҷад[32]!

**

Нойзори зори борон,
Хиши хиши хошок,
Кулӯхи хастаи хок.

Гоҳе, зорият чунинам мекунад!

**

Оташи тешаву тарошаи санг,
Ларзиши реша дар навозиши хок.

Гоҳе ҳама тароша ё ларзишам мекунӣ!

**

Фасли нозукдиле, ки меояд
Чаҳчаҳи чағук

---

32 Мемавҷад – сохтаи шоир буда, инҷо ба маънии мавҷ мезанад, аст.

Бар дарахти шаффофи ҷон ва
Саргиҷаи вожагонам дар даврони дилдодагӣ,
Дастафшонии бод ва парвона ва замон дар чакомаҳояму
Рӯъёям, ки парчаме чиндор мешавад дар насим.

Гоҳе низ чунин аст ҳақиқати ишқ!

Даҳони поизӣ

Дареғо аз нобасандагии вожагон
           Ва даҳони поизиам!
Мехоҳам бигӯям дӯстат дорам!
Аммо нафрин ба ин забони ниёконе,
Ки бо анбӯҳи вожагонаш,
Ишқро баёне шоиста надорад!

Китоб ба китоб
Шоире вожапарварро меҷӯям,
То даҳонамро бо баҳори ҷумалот пур кунад
Ва намеёбам.

Метавонам гуфт:
-Барои ту меҷӯям,
           Чунки обкӯҳа бар дарё
Барои ту метобам
           Чун ақиқ бар ангуштар.
Барои ту механдам
           Чун кӯдаке дар гаҳвора.
Метавонам гуфт:
-Дарахт туӣ.
           Ҳар гоҳ меваам.
Мадор туӣ
           Ҳар гоҳ сайёраам.
Қулла туӣ

Гоҳе, ки бориши барфам.
Заҳдон туӣ,
Гоҳе, ки нутфаи сардам.
Посух туӣ,
Ҳар гоҳи пурсишам.

Аммо, на!
Баёни ишкро
Каломе дигаргуна меҷӯям
Ва намеёбам!
Шояд, ки вожагони шабнамзод
Чака чака
Дар дарёи куҳан фурӯ шудаанд,
Пас, шоиреро меҷӯям,
Худовандгори сухан
Ки чакаҳои гумшударо аз дарёҳо боз оварад,
Ва номҳои нахустиншонро бад-онон боз гардонад.

Мехоҳам чизе бигӯям,
Аз ҷинси барф, нағма, рӯъё,
Дареғо, аммо аз нотавонии вожагону
    даҳони поизиам!

Даймоҳи 1380

То бо шумо сухан гӯям

Ҳар бомдод,
Равони маҳолудамро мешӯям,
    дар биркаи чиндори навоҳо
    дар нигоҳи умедвори кӯдаконам
    дар лабханди меҳромези ҳамсарам.

Пардаҳоро мекушоям,
То вожагонам рӯшан шаванд,
    нукраи ҳаво,
    чои лаългун
    симои шумо
    коғазе бараҳна.

Чун ниёишгаре, ки пешонӣ бар хок мениҳад
Бар мизи корам хам мешавам
Қалам: нӯкзанон
Дона ба дона вожаҳоро аз мағзам бармечинад.

Порчаи шаффофи рӯҳамро,
Тикка ба тикка мебурам,
Ҳар тиккаро то мекунам,
Дар нома ё суруде барои шумо мефиристам.
Ғурубҳангом, ки чинадони парандагон саршор аст,
Ки дар хокхуфтагонро ҳатто,
Муште хокистар ба каф афзуда мешавад.

Бо вожагони гуруснаю
Орзуҳои яхбаста дар худ нопадид мешавам.
Кӯдакон мегарданду
Калиди рӯҳи маро дар утоқ намеёбанд.
Ҳамсарам, хӯрдарезҳои равонамро
Аз лобалои китобҳо ва номаҳо гирд мекунад
Шояд барои худ ҳамдаме биёфаринад.

Хурда магир, ки чаро шоиртар намешавам!
Ту ки медонӣ:
Вожагонам сер мераванду гурусна боз меоянд.
Хурда магир, ки чаро зеботар намешавам
Ту ки медонӣ:
Замон маро ба минқор мебарад
То дар сояи худ сапедам кунад.
Хурда магир, ки чаро рӯшантар намешавам
Чи касе намедонад, ки
Ҳар рӯз муште шеъри дурахшон;
Миёни ҳаво мепошаму
       тиҳидастона ба хеш боз мегардам.
Ту ки медонӣ,
Порчае шаффофро бодҳо бурдаанд!

Бепарда низ бигӯям,
Дар дарозои рӯз, ки хуршед бирёнам мекунад
Дар сояҳои худ менишинам,
То ҳатто дарахт
Тоқае сояашро чун миннате сангин
Бар ман накушояд!

Урдибиҳишт 1371

Ҳикояти ёри самарқандӣ ва панҷ гули суратӣ

Гоҳе
Хоби сапеди бомдодон
Бечурук аст чун сукут
    Агар фариштагон бигзоранд!

Хоб, ки будам,
Фариштае аз осмони Самарқанд фуруд омад
Ва бар болинам
    панҷ лабханди хушбӯе
    панҷ нигоҳи самарқандӣ
    панҷ пичпичаи пинҳон
               ниҳоду рафт!
Дигар маро
    на ҳойҳуе гӯи гетӣ
           ки дар равшаноӣ меғалтид
на ово – навои ситорагон
           пушти абрешими обии мино,
Бал панҷ бӯсаи пагоҳӣ
           аз хоб баргирифтанд.
Ҳанӯз овои ховаре
Ба гӯш меомад.
Дӯст доштан шукуфоист,
Шукуфой зебоист.
Зебой доноист!

Рӯъё буд?
Агар ки ин ҳама рӯъё буд,
Пас ин панҷ гули ҳайрону
Ин панҷ маънии пинҳон
Ба бистарам чӣ буд?!

Ниме рӯъё
Ниме ҳақиқат аст ишқ,
Ҳамчун ки зиндагӣ!

Бо худ гуфтам:
-Оҳ..
Бахтат сепед шоир
Хобат чӣ буд дар ин бегоҳ
Ки духтаре шанги самарқандӣ биёяду
Панҷ гули номироро бар бистарат бибораду
                                    бигзорад?!
Ман дерхез будам
Чунон ҳамеша ва дар ҳар рӯйдод!
Пас ҳақиқати рафтаю
Танҳо хаёлу панҷ гули симоранг,
Бар ҷой монда буданд.

Омӯхтам:
Ниме ҳақиқату
Ниме рӯъёст зиндагӣ
Ҳамчун, ки ишқ!

Мусоҳиба

Омад зане аз табори шабнамҳо,
Ғалтид рӯи ҳарири авқотам

Пурсид, ки:
- «Шеъри ноб, яъне чӣ?»

Гуфтам:
- «Яъне, дахолати вожа
Дар хоби ҳазорсолаи ҳастӣ.
Ин сон, ки нигоҳи рӯшанибахшат,
Тобида ба банд-банди шеъри ман!»

Пурсид, ки:
- «Ишқи ноб, яъне чӣ?»

Гуфтам:
- «Яъне зудудани зулмат
Аз тоблуи ҷаҳони зулмонӣ,
Монанди тулӯи нарми симоят,
Дар манзари ман, ки моҳро кам дошт!»

Пурсид, ки:
- «Чист гавҳари ҳастӣ?»
Гуфтам:
- «Номат

Ки шеърҳои ман
Мечарханд бар мадори рахшонаш».

Пурсид, ки:
- «Ақлро чӣ мебинӣ?»
Гуфтам:
- «Вазиши нигоҳи ту ақл аст,
Ҳар гоҳ дар ин кавири шинафшон
Мерӯбад аз сарам ғубори хуш!»

Пурсид:
- «Чӣ гуна буд мебояд
Мусиқии рӯзгори бетобӣ?»

Гуфтам:
Чу навои нам-нами борон,
Бар синаи чок-чоку хушки хок
Ин сон, ки равони нағмаҳои ту,
Мелағзад рӯи барги рӯҳи ман!»

Пурсид:
- «Паёми дигаре дорӣ?»
Гуфтам:
- «Оре!
Маро бурун кардӣ
Аз хештанам,
Маро ба хешовар!»
Бархост, ба турфа кард шаҳамотам,
Лағзид рӯи ҳарири авқотам!

Поизи 1371

Ҷаҳон ҷилвагоҳи ту

Ин нағмаҳои болкушо,
Ки бар ашё менишинанд
Ин овои бомдодӣ,
Ки нимрухи замонро рахшон мекунад.
Ин рӯд, ки хуши моҳиёнро мешӯяд
Таҷаллигоҳи туанд.

Сухан, ки мегӯӣ,
Вожаҳо хушбӯ мешаванд
Сухан мегӯиву
Ҳатто марг донае мешавад тобон,
То шитобон ба гули кавкаб сафар кунад.

Дар пешгоҳи ту
Хуршед бол мекушояд
Бар шохаи анор менишинад
Ва чаҳчаҳа сар медиҳад!

Дар пешгоҳи ту,
Қанориҳо гӯяҳои гетӣ мешаванду
Бар шохсори хамӯшӣ фурӯ меоянд.

Ин пардаи наққошӣ, ки замонро пир мекунад
Ин бонуи офтоб, ки пироҳани зимистонро
Аз пайкари замин бармедорад

Ин чакаҳои нур, ки аз минқори бомдод меовезад,
Ин ҳаво, ки пару бол метаконаду
Бар ҳастӣ, шабнам меафшонад
Инҳо ба ҷои худ
Ҳама ҷаҳон ҷилвагоҳи туст!

Раҳгузар дастаи гуле бар гӯр мениҳад
Ва мурдагон ҳушёр мешаванд.
Ин гуна бозомадам аз лаббастагӣ ба овоз.

Раҳгузар моҳро мечинад ва
Дар чакомаи ман пинҳон мекунад.
Ин гуна дурахшон шудам
Чун нӯки сухрае.

Раҳгузар пардаи шабро то меканад
Ва нимрухи замин дурахшон мешавад.
Ин гуна сароишгарам кардӣ.

Беҳуда нест,
Ки дар ин бомдод
Бар кафи дастам менависам
Ҳамаи ҷаҳон, баромадгоҳи туст.

Беҳуда нест, ки ҳастӣ дар кураи кӯчаки нур фурӯ гунҷида
Аз нуки сапедадам меовезад.
То ман бинӯшамаш!
В-онгоҳ чун шабнаме хушбӯ,
Дар сиришти зарраҳо рахна кунам!

Ин қол аз мақоли шумо низ бигзарад!

> Ҳам марг бар ҷаҳони шумо низ бигзарад,
> Ҳам равнақи замони шумо низ бигзарад.
> Сайфиддин Муҳаммади Фурқонӣ

Мушти зулоли ман,
Пур аз манозири ларзон буд.
То рӯъё напарешад,
Нафшондамаш,
Нӯшидамаш!
Аммо хаёл, хумрае шукрон шавад,
Ҳар гоҳ, ки бозтоби ҷаҳон набошад.
Шуд!
Нӯшидамаш.
Маҷола шудам, то хӯрдам.
Фасле зи ман гузашт, ки Афро,
Танҳо ба шакли фоҷиа хомӯш истод.

Ин фасл аз миёни шумо низ бигзарад!

Симои тобноки мулҳид,
Уфтода буд дар пиёлаи май,
Нӯшидамаш
Ки роз ниҳон монад.
Бараҳнатару кушудатару сурхтар шудам.
Ва ҳамчун марказ аз давоири ҳастӣ берун баромадам!

Ин чехра аз шароби шумо низ бигзарад!

Бигзор
Дар манзари ҷаҳонӣ,
Танҳо бошам
Яъне ҷудо аз он ҳама Афро бошам.
Бигзор ин хазони асотирӣ
Бар ҳастиям бимосад, аммо,
Дар хайли бастазабонон
Гӯё бошам!

Гарчи пешоҳанги хазонзадагонам, аммо
Ин ранг аз хазони шумо низ бигзарад.

Хуб!
Акнун мегӯй чи кунам?!
Бо мурдагон ба вайронаҳои асотирӣ баргардам ва
Баргҳои сӯхтаамро биёбаму
           Бар шохаҳои зимистониям бичасбонам?!
Чӣ ҳарфе мезанӣ!
Бар рӯи он хароба пардае нисён мебинам.

Ин парда бар мақоми шумо низ бигзарад!

Беҳуда ҳукм содир макун!
Дигар намехоҳам реша ба реша
Дар хоки мурдагон сар бидавонам.
Мехоҳам бо оташе, ки ногоҳ
Нимрухи шоху баргҳои маро рӯшану торик мекунад,
                                  сиёҳ шавам.
Бар дӯши ин дарахт пӯшиши хокистар мебинам.
Бодо мабоди ман чӣ таъсире дорад?
Оташ зи шоху барги шумо низ бигзарад!

Торих,

Симои хокро парешон мекунад.
Мегӯй на?!
Ангушт рӯи нуқтае аз ин замин бинеҳу бигӯ:
Ин меҳани ман аст,
Кушторгоҳи ман нест!

Медонистам, ки намеёбӣ!

Хуб!
Акнун мефармой чӣ кунам?!
Худамро ба пайкари ту бибофам?
Ва рӯи он чархишгоҳи гич, бичархам?
Чӣ ҳарфе!
Нахи тасбеҳро гусехта
Ва муҳраҳоро пароканда, рехта мебинам!
Мегӯй на?!
Мадорҳоро аз гузари ситорагон бардор
То бибинӣ чӣ гуна ба ҳам мекӯбанд!
Ҳатто агар тавонистӣ
Каҳкашону замонро ҳам аз ҳам бипош
То дарёбӣ, ки Каҳкашон зиндонии қавоиди хеш аст.

Ки ҷаҳон зиндонии ҷаҳон,
Оҳ чӣ мегӯям?!

Бисёр хуб тамомаш мекунам.
Акнун дар баробари ман ноест, мулҳиду пир мешавӣ.
Аз баробарам бигзар то дилбандам ба ман битобад!

Вақте заминро аз ман дуздиданд
Ва ҳатто ба ҷои холии ман дар ҳаво гулӯла фиканданд,
Ва суратаки одамӣ аз симои боғи ваҳш фурӯ уфтод
Барои ман чӣ монда, ки Афро бошам?
Бирав канор!
Бигзор дилбандам ба ман битобад

Мехоҳам бигӯям:

Наздиктар биё Ватан!
Боз ҳам наздиктар!
Даҳонатро бар даҳонам бихобон!
В-он вожаи равонро бар забонам бигзор!

Эй кош ин вожа аз забони шумо низ бигзарад!

Он гоҳ рӯи танам ҳам шав
То танамро дар Ватанам битанам!
Ва бегумон агар аз хеш бигзаред,
Ин ҳол аз маҳоли шумо низ бигзарад!

Натиҷа?!
Ман аз таҷаммӯъи аҷзо
Аз мӯҳра шудан
Аз гузари сузану наҳ аз пайкар ё равонам метарсам
Ман аз вайрон шудан бо шумою ҷаҳон нигаронам
Ҳамин чакае, ки ҳастам аз дарёи шумо зеботар аст!
Сайёрагон асири мудоротанд,
Ҳамин шаҳобе, ки ҳастам
Аз Каҳкашони шумо пӯётар аст.

Хоҳед дид:
Ин қол аз мақоли шумо низ бигзарад!

Рӯъёро дунё бинӣ!

Аз минқори Дурнои ҳаким бар дафтарам чакид:

Ду Дурно бинӣ:
       Яке дар ҳаво, яке дар об.
Тасвири Дурно дар обро паррон дар ҳаво бинӣ!
Об набуда, набошам, аммо тасвирҳои об,
Чизе магар ман набуда, нест, набошад.

Ду кӯҳ бинӣ дар обу бар замин,
Тасвири кӯҳи оби воруна рӯи хок,
Сарвҳои биркаро,
Дар канораи бирка ларзон бинӣ.
Нек агар бингарӣ,
Офтоби бирка ба осмон, тобон бинӣ
Шоир набуда, набошам аммо
Чакаҳои шеър,
Аз нуру навозу парвозам рахшон бинӣ.

Дилбандро ду бинӣ,
Яке дар хоб, яке дар об.
Дилбанди хобро,
Дар бедорӣ хаёл бинӣ,
Дилбанди бедориро,
Дар хоб бипасой!
Шоир набуда, набошам, аммо
Дар пардаҳои хоб,

Ҷуз ман набуда, нест, набошад чизе.
В-агар нек бингарӣ,
Ин замин, хаёл бошад
Гӯи гардон дар хаёл,
Ҳақиқитарин замин бошад.
Ба борон нӯк занам,
        Минқор аз хаёл пур ояд.
Ба хаёл нӯк занам,
        Аз обдона пур ояд.
Борон набуда, набошам, аммо
Дар донаҳои борон,
Ҷуз ман набуда, набошад чизе.
Биё то ман
    ба берун аз замон!
Дурною шоире, ки аз замон бурун паранд,
Чархишгоҳи ҳақиқатро ҷовидон кунанд.

Дарахт аз паранда тиҳӣ гардад,
Паранда рӯи чаман резад,
Чаман бихонаду пар занад.
Он гоҳ дар вожаҳои шумо ногоҳ
    Воқеият аз хаёл лабрез ояд,
    Хаёл аз ҳақиқат саррез ояд.
Саранҷом
Аз ман ба ҳар чи ҳаст нигоҳ кунӣ!
    Дунёро рӯъё
    Рӯъёро дунё бинӣ,
    Ҳарчи ҳастро Дурно,
    Дурноро зебо бинӣ!

Басо ҳаст

Басо ҳаст, ки ин худкор, бе ман нависад,
Ин сандалӣ бе ман гарм шавад
Ин бомдод бе ман шукуфад.

Бе он ки маро бибинед,
Басо ҳаст, ки маро дар худ буред,
        Ба бистар ё ба танҳоитон.
Парҳои сиёҳи торикиро
Бо дастҳои нопадиди ман аз шона бастаред[33],
Даҳонатон аз милудиҳои ман сабз шавад.
Бошад
-ки ҳаст-
Чурук замонро
Бо шеърҳои ман аз пешонӣ бардоред
Хобатонро тиҳӣ аз хору буттаҳо кунед.
Аз харгӯш, ки дар ҷангалзор бармеҷаҳад,
        сафедии фалсафаро дарёбед.
Басо бошад
Ки аз ин ситора дуртар биншинед
        Ва ба ман наздиктар.
Ман бо шумо ба номирой равам.

Басо буда,

---

33 Бастардан –, яъне сутурдан, пок кардан

Ки дар ман бархостаед
Ба хондани хунёе, ки
            сабади бомдодро пур карда буд.
Дасте, ки маро аз пушти ин миз бибарад,
Ва худкорамро дар дасти ҳаво ниҳад,
Шуморо
Пушти ин миз номиро кунад.

Басо ҳаст,
Ки будаасту бошаду хоҳад буд!

Агар иҷоза бифармоед!

Ҳаворо канор мезанам, ки биёед!
Ғурубро, ки дӯст медоред,
Рӯи замин паҳн кардаам!
Насимро аз миёни баргҳо бардоштаам,
Дар шеъре ниҳодаам, то дар шумо бивазад!
Хоҳед дид моҳро ҳам рӯи алафҳо хоҳам пошид.

То рӯъё раҳо шавад, пилкҳоямро кушудаам.
Хуш омадед хонум!
Чӣ шеъри бемонанде шудаед!
Мавзуну маҳолуду хуштарош!
Ҳаминҷо рӯи ин лаҳза лам диҳед,
То ливонҳоро пур аз хаёл кунам ва биёварам.
Ба Мотсарт[34] бифармоед чизе бинвозад
То ман ҳам аз дилам хоҳиш кунам,
Каме оромтар шуморо садо кунад!
Хул шуда! Бибахшед!

Бале, бале
Ҳақ бо шумост:
Хонандаи реп шуда!

Пироҳанатонро рӯи ин биркаи нур биёвезед!

---

[34] Мотсарт, ки номи пурраш Волфганг Амадей Мотсарт буда, оҳангсоз ва бастакори машҳури утришӣ (австиягӣ) аст.

Баъдан худам бӯи тани шуморо то меканам
Ва дар вожаҳоям мегузорам.
Бибахшед кунҷковӣ мекунам,
Ин асар ангуштони сапедадам нест, рӯи шонаҳои шумо?!
Чашмонатон аз хоби бачаҳо ҳам меҳрубонтар аст.
Бале, бале, бояд мегуфтам: «Амиқтар»!
Гелосатонро бидиҳед дубора пур аз қирмизе хаёл кунам.
Росташ, ман шоир нестам,
Судаи устураам, ки зери нури моҳ
Чунон шабнам парешида ба дида меоям.
Бо ин ҳама аз Худо пинҳон нест, аз шумо чӣ пинҳон
Ин тиккаро барои шумо навиштаам:

«Чилчилаи рӯи шонаам,
Бо нутҳои ваҳшии ошён бофта
То шеърҳои маро барои шумо бихонад
Ин чилчила шуморо хеле дӯст дорад,
Яъне, чӣ гуна бигӯям,
Ҳанҷараашро бо шумо донотар кардааст.
Ба ман фахр мефурӯшад,
Яъне, ки шоиртар аз ман аст!
Лутфан лилӣ ба лолояш нагзоред, девона аст!»

Ҳақ бо шумост!
«Ин бечора рақиби ман нест, нимае аёни ман аст!
Баёни ман, они ман аст.
Инкори ман нест, таъйиди ман аст.
Аслан ҳарчӣ шумо бифармоеди ман аст!

Мерсӣ!
Аммо шумо садбор ҳам, ки донаҳои арақамро хушк кунед,

Дубора ҷонам чика чика бар пешониям мелағзад.
Як одати ниёконест!
Пироҳанатонро ҳам он ҷо, рӯи гузаштаи ман бияндозед.
Бале, дуруст ҳам он ҷо, рӯи он шарми бадшугун!
Хобҷомааатонро?
Бидиҳед бигзорам дохили ин луғат, ҳамин луғати
«ҳазф»!

-«*Маро миёни ҳалқаи дастонаш сар ба нест хоҳад кард!*»

Бале?!
Хайр, хайр! Доштам як ояи куҳанро замзама мекардам.
Нашнида бигирйед!
Чашм! Соатамро парт мекунам он сӯи хомӯшӣ,
                    Ва аз замон мехазам берун!
Чӣ қашанг гуфтед: «Берун хазидан аз замон!»
«Беруни замон, ки биншинем, на пир мешавем, на
ғубор»
Бигзоред ҷумлаеро дар ин китоби осмонӣ ёддошт кунам.
Ман ҳам нахустин бор, ки девона шудам, рӯи ҳаво
навиштам:

> «Шод зӣ бо сияҳчашмон, шод!
> На, аз Рӯдакӣ нест, худ навиштаам!
> Шеъри Рӯдакӣ ин гуна меоғозид:
> «Комҷӯӣ замонро пир мекунад!»

Нӯш!
Моҳ худро бар муколама месояд.
Пӯст намедонад фалсафа аз кадом лаҳза мепарад?
Лабҳо шеъре доғро варз медиҳанд.
Ҳаво аз миёна сар бардошта сар ба ҳаво шуда!

Акнун агар иҷоза бифармоед
Шабро рӯи худ бикашем
Нутхомонро ба ҳам бибофем
Ва рӯи алафҳо бо моҳ яке шавем!

Ба чашм!
Аз ин ҷо ба баъдашро дар малофаи маҳ мепечам!

Дар бораи Мирзооқо Аскарии Монӣ

Монӣ дар соли 1330 дар Асадободи Ҳамадон зода шуд. Офариниши адабиро дар навҷавонӣ оғоз кард. Осораш дар нашриёти вақт бозтоб ёфтанд. Нахустин китоби шеъраш бо номи «Фардо аввалин рӯзи дунёст» дар 1354 мунташир шуд ва то кунун 54 ҷилд аз осораш ба чоп расидаанд. Монӣ нақди адабӣ ва достон ҳам менависад. Барои кӯдакон низ шеъру достон меофаринад. Асғарӣ аз поизи 1363 дар Олмон муқим шуд ва то кунун дар он кишвар зиндагӣ мекунад. Дар ин муддат офаридаҳои ӯ ба забони форсӣ ва бархе забонҳои дигар мунташир шуда ва гоҳ ба гоҳ бархе аз ашъор ва навиштаҳояш дар Эрон нашр ёфтаанд. Аз ӯ то кунун як маҷмӯаи шеър ва наср ба номи «Синфонии эронӣ» ба олмонӣ ва достони «Сарзамини ҳамешабаҳор» барои кӯдакон ба донморкӣ нашр ёфтааст. Ғайр аз ин бархе аз сурудаҳо ва навиштаҳои ӯ ба таври пароканда ба забонҳои инглисӣ, суедӣ, ҷопунӣ ва норвежӣ чоп шудаанд. Монӣ аз соли 1367 вақти худро яксара ба фаъолиятҳои мустақили адабӣ ва фарҳангӣ ихтисос дод. Ӯ узви Иттиҳодияи нависандагони Олмон аст ва аз соли 2012 «Родиёи Монӣ»-ро ба роҳ андохта ва мудирият мекунад.

Ба қалами Монӣ мунташир шудааст:

Шеър:

Фардо аввалини рӯзи дунёст. Теҳрон: Интишороти Гом, 1354

Ман бо онҳо робита дорам. Теҳрон: Гом, 1355

Таронаҳои сулҳ. Теҳрон: Ҷамъияти эронии ҳаводорони сулҳ, 1361.

Овозҳои ҷумҳурӣ. Теҳрон: Интишороти Худхуд, 1361

Дар сарзамини талх. Олмон, 1364

Хитоба аз сакуи сурх. Олмон: Интишороти Навид, 1367.

Парвоз дар тӯфон. Олмон: Навид, 1367

Моҳ дар оина. Олмон: Навид, 1367.

Таронаҳои маҳтоб (навори шеър) Суед: Конуни фарҳангӣ ва ҳунарии Настаран, 1367.

Ишқ вопасин растагорӣ. Олмон: навид, 1369.

Катибаи ҷорӣ (навори шеър). Америка. Конуни фарҳангии Ялдо, 1370.

Симфонии эронӣ (ба олмонӣ). Олмон: Нашри Фарҳанги байналмилал, 1370.

Шоирони муҳоҷир ва муҳоҷирони шоир. Гирдоварандаи шеър Б. Мурзӣ. Суед: Нашри баён, 1371.

Миноӣ тобон. Олмон. Нашри Ҳуман, 1372

Зери дарахти вожа. Олмон: Нашри Ҳуман, 1372.

Таронаҳои ҷодаи абрешим. Теҳрон: Марворид, баҳори 1373

Ситора дар шин. Теҳрон: Конуни фарҳангӣ ва таблиғотии Садо. Баҳори 1374

Сапедаи порсӣ. Олмон: нашри Ҳуман. Зимистони 2000

Ду сӯи пилки тамошо. Садои шоир. Олмон. Нашри Нимод. Зимистони 1380.

Ариш Фарид, шоири ишқ, зиндагӣ ва марг. Тарҷумаи муштарак бо Маҳдии Сардонӣ. Интишороти қасидасаро. Теҳрон. Змистони 1383.

Хӯшае аз Каҳкашон. Девони ашъор. Нашри Ҳуман, Олмон. Ду ҷилд. Соли 2008.

Тонгу бо шаҳбону. Олмон: Нашри Ҳуман. 2011.

Овозҳои куруши Орёӣ. Як шеър ҳамосаи баланд. Бунёди фарҳангии Варахром. Олмон, 2011.

Гузориши Гумон шикан. Амрико: Нашри Ҳуман, 2015.

Наср:

Ҳамосаи ҳастӣ ва рокиб. Табрез: Интишороти Дорвиж, 1357.

Манозири зодбумӣ. Суед: Интишороти Настаран, 1367.

Аносири шеър. Олмон:Навид, 1368.

Хишту хокистар. Биография (ду ҷилд). Чопи дувум. Олмон: Ҳуман, 2008.

Ҳастишиносии шеър. Теҳрон: Интишороти қасидасаро. Баҳори 1381. Гуфтумонҳои теоруки шеър.

Хандаҳои пинҳонӣ! (танз). Олмон: Ҳуман, 2008.

Адабиёт ва урутисм. Олмон:Ҳуман. Баҳори 1381/ поизи 1384

Дашна ва нӯшдору (Баррасии осори Монӣ). Олмон: Ҳуман. Замистони 2005.

Муъҷиза дар ишорати ангушт. Гуфтугӯҳое бо Монӣ. Олмон: Ҳуман. Зимистони 2005.

Зери пӯсти абадият. Як достони баланд. Олмон: Ҳуман 2005; Чопи дувуми нашри китоб. Амрико. 2008

Хунёгар дар хун. Дар шинохти Фаридуни Фаррухзод. Олмон: Ҳуман, 2006, Чопи дувум: Ширкати нашри китоб. Амрико, 2007.

Раҳпӯёни андеша. Гуфтугӯ бо нависандагон. Суед: Интишороти Борон, 2007

Фаросӯи вожагон. Розкушоии бархе аз сурудаҳои Монӣ. Олмон: Ҳуман. Наврӯзи 1390/ 2011

Рӯшанфикрон ва ҳақиқат. Навиштаҳое дар бораи адабиёт, фарҳанг, таърих ва сиёсат. Олмон: Ҳуман, Зимистони 2016.

Террор дар бун. Ривояте мустанад аз зиндагии Фаридуни Фаррухзод. Олмон, 2016.

Барои кӯдакон ва навҷавонон:

Гурги хаста (намоишномаи манзум). Теҳрон: Интишороти Илҳом, 1357; чопи дувум Суед: настаран, 1367; чопи севум: Амрико: Рангинкамон.

Биравем ситора бичинем. Теҳрон: Илҳом, 1357.

Қиссаи амуи Гулчин (бо Манучеҳр Каримзода). Теҳрон: Конуни парвариши фикрии кӯдакон ва навҷавонон, 1358.

Холаи борон. (Бо М. Каримзода) Теҳрон: Ширкати 48 қисса. 1364.

Сарзамини ҳамешабаҳор (ба донморкӣ) Донморк: Урнинс Фурлог, 1368.

Рангинкамон. Шеър барои кӯдакон. Теҳрон: Ишора, 1379 (Ношир бидуни муҷаввиз ин китобро бо номи Нимо Лашкарӣ ба чоп расондааст)

Чаҳоршанбе сурӣ. Теҳрон: Ишора. Баҳори 1379. Шеър

барои кӯдакон. (Ношир бидуни мучаввиз ин китобро бо номи Нимо Лашкарӣ ба чоп расондааст)

Барфбозӣ. Шеър барои кӯдакон. Теҳрон: Ишора, 1379. (Ношир бидуни мучаввиз ин китобро бо номи Нимо Лашкарӣ ба чоп расондааст)

Панч достон. Олмон: Ҳуман, 2008. Мачмӯаи 5 достон барои кӯдакон ва навчавонон.

Харгӯшҳо ва каргас. Достоне барои кӯдакон (форсӣ ва олмонӣ), 2016.

Аз ин нависанда мунташир хоҳад шуд:

Ғиш ва риса. Навиштаҳои танзомез.

Хишту хокистар (автобиография) чилди 3.

Дар хобгоҳи париҳо (пуэтико-пулитико-урутико) мачмӯаи шеър

Ягонаҳо ва бегонаҳо. Мачмӯаи достон

Повилюни шеъри чаҳон. Баргардони шоирони чаҳонӣ.

Самоъ дар оташ. Нақд ва навиштаҳои дигарон дар бораи осори Монӣ.

Вожа дар вожаи шириндаҳонон. Гузидае аз гуфтугӯҳои адабӣ ва фарҳангии Монӣ бо дигарон

Нӯшдоруи талх. Замзамаҳои бепарда ва бепарво бо фарзандону наводагон.

www.sturnus-verlag.de
ИНТИШОРОТИ СТУРНУС
Sturnus Publications

www.ingramcontent.com/pod-product-compliance
Lightning Source LLC
Chambersburg PA
CBHW061946070426
42450CB00007BA/1072